小學生心理學漫畫 系列二

1

我能完成目標

培養行動力!

字畝

常常聽到家長們抱怨，說自己的孩子總是喜歡回話說「我等一下就去做」，然後事情依然不斷延後，或者是懶惰卻愛找藉口。這些讓許多家長們頭痛的問題，在孩子們的成長過程中很容易出現，而這些情況都和孩子們的行動力有關。

家長們的憂慮是可以理解的。如果孩子在生活中養成缺乏行動力的習性，會對他們的成長產生很大的負面影響，例如難以養成獨立的個性。做事拖泥帶水、愛找藉口、沒有責任心……如果不即時矯正，都可能會成為孩子們怠惰時的「障眼法」。其實，孩子們的行動力往往反映出他們內心的真實想法，如果細心觀察就會發現，缺乏行動力的孩子在面對某些事情時有明顯的情緒問題。這些孩子比較喜歡做那些在短時間內就能輕鬆完成的事情，但如此下去會導致他們的行動力愈來愈差。

請記得，行動力跟孩子們的自我意識及內心想法密切相關。所以，從心理學的角度去矯正孩子的行為，可能是最有效的方法，這也是編寫和出版本書的目的：透過孩子們在日常生活中最熟悉的情境，呈現出他們最常見關於缺乏行動力的問題，並由心理方面的訓練，幫助孩子建立主動的意識，提升他們自主完成事情和解決問題的能力；將來遇到困難時，才能更積極去面對並解決問題。

　　拖拖拉拉、愛找藉口、光說不做的表現，只是孩子們在成長過程中難以避免的階段性特徵；請相信，每個孩子都能成為具備行動力的人。

本書介紹及使用說明書

　　本書共分為四大章，包含38個情境技巧練習，呈現孩子在生活中最常見關於行動力的問題。主軸從認識行動力開始，再到提升、深化行動力，最後再總結出培養行動力的有效方法，幾乎包含了孩子在家裡、學校和生活中的各種情境。

　　孩子們可以按照章節順序，將本書做為加強與提升行動力的策略；也可以根據日常生活與學習中遇到的問題，選取其中適合的內容進行加強訓練。如果孩子能成功實踐本書中的情境練習，就意味著已經具有良好的行動力。

第一章「認識篇」共有8個情境，從發現問題的角度，來突顯孩子在日常生活中欠缺行動力的常見情況。例如「總是訂一些做不到的計畫」、「沒有時間觀念」、「總是為懶惰找藉口」等。

第二章「解決篇」，主要是幫孩子們突破生活中最常見需要行動力的10件小事。例如「放假時不再拖著不寫作業」、「如何能持續每天寫日記」、「長期維持運動習慣」、「每個月看完一本課外讀物」等。透過這部分的練習，孩子們可以初步掌握解決缺乏行動力的方法。

第三章「進階篇」是第二章的延伸，難度也比較高一點。如果孩子能順利完成這8個練習，要成為一個行動派達人，就不是什麼大問題了。在這部分裡有很多更具挑戰的問題，例如「讓好好用功不再只是口號」、「想要成為班上的優等生」、「成為有專長的人」、「能為遠大的夢想而努力」等。

第四章「總結篇」是應對方法的統整，做為前面三章練習的總結和回顧。有12種提升行動力的簡單方法，讓孩子們可以透過學習，輕鬆的掌握要領。如果孩子們將來遇到不易處理的問題，也可以應用這些方法來解決。包含「學會專心做事，不受干擾」、「學會調整情緒，提升熱情」、「怎麼讓事情變更好」、「在固定的時間和地點做事」等。

目 錄

第3章 進階篇：克服生活中的各種挑戰 ·····

第4章 總結篇：提升行動力的方法 ·············

1

認識篇

缺乏行動力的表現

① 不要變成做事拖拖拉拉的孩子

小飛出了門,在社區裡悠閒散步。

他和路邊的小貓玩了一下。

又在水池邊打了一下水漂。

還和遇到的朋友踢了一下球。

生活中還有哪些情況也屬於缺乏行動力呢?我們接著往下看看吧!

1

● 只會想，不會做 ●

　　新學期剛開始，我就有很多想法和願望。我決定要努力學習，讓成績變好；我還想多閱讀課外讀物，充實自己的知識；此外，我也想突破單調無趣的生活，多參加學校的活動，並結交一些新朋友。可是，學期即將結束，我卻一直沒有付諸行動。雖然我也知道自己再這樣下去，將會一事無成，但是我不知道該怎麼辦，只能不斷延後計畫。就這樣，想法和計畫不斷被往後推，最後我也只能無奈默認：「算了，下學期再開始改變吧！」

可能會產生的心理阻力

時間過得太快了，有些事情都還來不及準備，一轉眼一個月就過去了。

想法太多了，但時間好像不夠多，不知道該從哪件事開始做才好！

反正也沒差幾天，下星期再開始也無妨。

唉，要行動起來好困難啊，難道我只能當一個空想家？

心理分析和暗示

① 如果今天不開始行動，那麼願望永遠也無法實現！

② 一直沒有行動，可能是還沒做好計畫，安排好時間。

③ 行動前會覺得很困難，但行動後就會發現沒那麼難。

④ 想做的事很多，但不可能一下子都做好，所以就一件一件去做，只要開始行動起來就好！

技 巧 練 習 及 總 結

1. 錯誤觀念：認為別輕易行動，思考得愈久，成功率愈高

長輩們總是說要三思而後行，這麼多事情，一定要多花點時間好好考慮才對。

小結

有些人會因為缺乏行動力而找藉口，例如「我要深思熟慮」。但有時卻是想愈多愈難踏出第一步。雖然多思考是對的，但要結合思考和行動，才能有實際進展喔！

2. 認真訂定一個計畫，然後執行

有好多事情要做，該怎麼辦呢？先從執行一個計畫開始吧！

小結

有時我們遲遲不行動，是因為覺得事情太多了，而不知從何做起。這時可以試著為自己訂定一個計畫。計畫能讓事情更清晰、更有條理，能更順利執行。

3. 今天有今天的事，明天有明天的事

事情都是一步一步完成的，如果今天不做，明天做起來就會更加困難了！

小結

不去行動，就永遠無法成功；一旦開始行動，就是邁向成功的一大步。對於行動，我們要有積少成多的概念，每天往前推進一點，就離完成目標、達成願望更近一點。

只要能適當安排時間，我們也能做到，在一段期間內完成不同的事情。

小結

常覺得該做的事情在時間上互相衝突，可能是因為沒有適當安排時間。若能合理運用時間，各項事務就會各有進展，例如該讀書的時候讀書，該玩樂的時候玩樂，這樣也有助於身心健康。

和心理博士聊聊天

時間是世界上最公平的資源，每個人每天都有24個小時。但時間的價值卻是不一樣的，我們能做的就是進行有效的「時間管理」。以下有兩種時間管理的方法：

1. 讓目標明顯：用表格列出每週偷懶的次數，再把自己想達成的目標貼在書桌、電腦旁等明顯的位置，隨時提醒自己該做的事。

2. 將目標細分：如果目標太大，我們就會覺得難以完成而退縮不前。所以建議大家在訂定計畫時，盡量依照「小、確、幸」（小的、確定的、令人感到幸福的目標）來進行，便能更有效的細分目標並逐步完成。

2

● 總是訂一些做不到的計畫 ●

　　我很喜歡訂定計畫。一開始很積極想要達成目標，不過，常常到最後都不了了之。即使如此，我還是不氣餒，又持續訂定了各種計畫。最近，我想多看些課外讀物，所以訂定了一個「熟讀唐詩三百首」的計畫。這個計畫分成三個步驟：第一是先購買書籍；第二是兩個月內讀完三百首唐詩，並全部背起來；第三是再花兩個月將三百首唐詩默寫出來。儘管後來買了書，但兩三個月過去了，我卻還沒把書讀完，計畫又再次泡湯了。

可能會產生的心理阻力

計畫都無法順利完成，難道是我的計畫有問題？以後還是別做計畫了。

不知為何訂定計畫時很有熱忱，但計畫完就失去動力，不想做了。

以後叫我「計畫泡湯達人」好了！

做了計畫好像也沒用，每次都做不到！

心理分析和暗示

1. 偶爾用些獎勵來鼓勵自己，可以帶來更多的動力。

2. 懂得訂定計畫很好，但計畫前要考慮能不能做到喔！

3. 計畫裡不能只有遠大的目標。訂定計畫的重點，是讓自己知道在什麼時間做什麼事，以及如何去做。

4. 計畫要切合實際，難度太大可能會打擊我們的熱情。

技巧練習及總結

1.錯誤觀念：設立遠大的目標，卻沒有計畫執行的細節

給自己兩個月的時間，我一定要把唐詩三百首背起來！

小結

做計畫需要設定階段性目標和最終目標。常見的錯誤是，只有目標而沒有「如何執行」的細節；又或者目標訂得太高，不切實際，這些都會使我們不知如何下手。

2.錯誤觀念：發現計畫與現實情況不符，就馬上放棄

兩個月內要把唐詩三百首背起來好難啊！算了，我還是放棄學唐詩吧！

小結

有時計畫中的目標可能與現實不符，有些人遇到這種情況就會馬上放棄。其實，計畫趕不上變化是很正常的，只要針對遇到的困難，將計畫再調整一下就可以了！

3.要在計畫中清楚排定什麼時間做什麼事，以及該如何做

一個好的計畫中，目標可能不是最重要的，該如何執行才是關鍵。

小結

例如背誦唐詩三百首，應分成幾個階段進行；第一階段先背多少首，第二階段再背多少首。另外，還可安排在記憶力最好的早上背誦；每天至少背一首，或在第二天背誦新詩前複習前一天的內容等等。

要在短時間內學會不太容易，我可以改變計畫，延長一些學習的時間。

小結

一開始訂定的計畫可能不切實際，在執行後可以根據實際情況進行調整。例如兩個月背不了三百首，那就改成兩個月背誦一百首看看！

和心理博士聊聊天

想好好堅持執行計畫，可以使用下列幾點方法：

首先，可以向同學借力。通常人們比較容易遵守公開的承諾，所以大家可以向身邊的同學公開自己的目標或計畫，或是和好友共同設定短期的目標，以提升行動力。

其次，向過去借力。大家可以想一想，過去如何克服困難？自己努力做了哪些事情後獲益良多？容易讓自己堅持下去的經驗是什麼？讓這種感覺為自己帶來前進的動力。

最後，向未來借力。我們都不希望無所作為的虛度一生，在未來競爭的關鍵除了知識，還包括更強大的心理素質。而持之以恆的精神，正是每個人都必須具備的能力。

3
● 沒有時間觀念 ●

　　快到期末考了，同學們都在忙著念書，但我還是一直在玩手機遊戲。好友看不下去，提醒我考試就快到了，我那時總覺得：「還有幾天時間，明天再開始念書也沒差。」而且我還安慰自己：「放輕鬆點，愈緊張愈容易考差。」結果，我又全神貫注在遊戲的世界裡。直到考試前一天，我才拿起課本開始複習考試內容，但卻發現時間根本不夠用了。慌亂的應付完考試之後，我感到非常不安，因為我知道可能又要面對考差的結果了。

可能會產生的心理阻力

時間還有很多，距離考試還有幾天的時間呢！

明天再開始念書也一樣，只差幾個小時而已。

考前玩遊戲的確有點浪費時間，但是我超想玩的，就當考前放鬆吧！

我的個性就是拖拖拉拉的，應該是改變不了的。

心理分析和暗示

1. 時間不會愈來愈多，只會愈來愈少。

2. 想讓事情變得更輕鬆的唯一辦法，就是早點準備、早點行動。

3. 拖拖拉拉到最後，只會讓自己更匆忙緊張。

4. 愛拖延只是一種習慣，每個人都可以改變的！

技巧練習及總結

1.錯誤觀念：總覺得時間還很長

別緊張，還有很多時間！

小結

小朋友的時間觀念往往比大人弱一點，很容易認為一個星期、一個月都很長，而不覺得急迫，這是很正常的。但事實上，時間總是不夠用。光陰似箭、歲月如梭，就是在說明這個道理。

2.能夠了解時間愈少，困難會愈大

光是等待無法解決問題，只會讓小困難演變成大困難！

小結

有時我們會想拖延，就是因為不想面對困難。但即使拖延到最後，困難也不會消失。隨著時間愈來愈少，困難只會愈變愈大。只有讓時間多一點，困難才比較容易解決。

3.懂得先苦後甘的道理，把最重要的事情先處理完

還有時間玩就先玩吧，別想太多，其他的事情等玩完再說吧！

小結

多數人都會傾向把不喜歡的事排到最後才做，但這時就要了解應該優先處理最重要的事，有剩餘時間再來玩樂。這種先苦後甘的處理方式，往往會更有成就感喔！

4. 付出的時間愈多，收穫會愈大

願意付出更多時間，就會得到更多收穫與回報！

小結

所謂勤能補拙，其他同學成績比較好，大多是因為他們比別人更努力，付出的時間更多。所以，不要小看多出的幾個小時或一兩天，最終結果都會反映在成績上喔！

和心理博士聊聊天

把一堆物品放入一個小盒子裡，有什麼技巧嗎？有的人可能不經思考就開始放，到最後發現有些東西放不進去。這個小盒子就像有限的時間，若沒有區分做事的輕重緩急，就會陷入窘境。事情可分成緊急、非緊急、重要、不重要四種類型，處理方式各不同：

1. **馬上去做**：緊急又重要的事情要排在第一位去做。

2. **計畫去做**：盡量把時間花在重要但非緊急的事情上，才能減輕處理緊急事情的負擔。

3. **請他人做**：緊急但不重要的事，可以請別人幫忙做。

4. **減少去做**：做不重要也非緊急的事，只是浪費時間。

4

● 總是爲懶惰找藉口 ●

　　我最近愈來愈胖了，爸爸建議我增加運動量，鍛鍊身體。我聽了爸爸的建議，決定每天早起去跑步。但是第二天早上，我卻賴床，說：「太累了，等睡飽一點再起床跑步吧。」然後就繼續睡了。到了第三天，我還是繼續賴床，因為天氣實在太冷了。就這樣，連續過了好幾天，我都沒有早起去跑步，最後只好找個放棄的藉口：「早起跑步真的不適合我這種喜歡賴床的人，早起後一整天精神都很差，這樣才得不償失呢！」

可能會產生的心理阻力

今天狀況不太好，今天天氣很差……還是等改天吧！

很多事不是靠自己的想法或努力就可以完成，還有很多外在因素影響。

這件事本來就很困難，我真的不是不想做。

～咭

雖然早起運動有好處，但多休息也有好處，只是選擇不同而已啦！

心理分析和暗示

1 只要有決心想改變，困難再多也可以找到解決方法。

2 事情完成的關鍵在於多反省自己，找出失敗的原因！

3 多數人都很容易為自己找一大堆藉口，但這並不是解決問題的好辦法。

4 能克服困難並把事情做好，才是真正厲害的表現！

技巧練習及總結

1. 錯誤觀念：習慣怪罪別人

我已經盡力了，可是別人不願意配合我，也沒辦法啊！

小結

容易怪罪別人並非好習慣。所謂的別人可能是身邊的朋友，或是天氣、心情等其他因素。例如因為玩遊戲而耽誤了念書，卻把責任推給「遊戲太好玩」，這就是不對的。

2. 勇於承擔責任

沒有早起是自己的責任，不能怪其他人！

小結

凡事愛找藉口可能是因為缺乏責任感。有些孩子認為自己年紀還小，很多事情都不是自己的責任。其實與自己有關的事，我們都應該學會承擔責任。有責任感，才會使自己有決心和動力去改變。

3. 學會反省

是的，事情沒有完成，我想是我自己的問題。

小結

有的人害怕反省，因為那就是一種批評自己的表現。但其實反省並不是否定自我，而是一種良好的習慣，可以幫助我們更進步。

4.試著給自己一點壓力

可能是生活過得太安逸，所以一遇到困難就退縮了，現在該給自己一點壓力了！

小結
雖然不建議大家給自己太多壓力，但也不能完全沒壓力。有時懶惰可能是壓力不夠，這時需要適度的給自己壓力，才能繼續向前。

和心理博士聊聊天

同樣都是用電腦打開一個檔案，為什麼有些電腦的速度比較快？主要是因為這些電腦配備比較好。每個人的體能和意志力也是如此，雖然現在是科技的時代，可以借助很多工具，但在關鍵時刻，許多競爭還是取決於個人的體能和意志力。心理學家觀察發現：體能不好的人，往往意志力也不夠堅強；而年輕時就維持運動習慣、鍛鍊體能的人，通常身心都比較健康。像是哈佛、耶魯這樣的世界名校，對學生體能的要求都非常高，就是基於這樣的道理。

現在很多同學體能不夠好，只能「坐而論道」，不擅長「起而行之」。所以，鍛鍊體能不僅對我們的身體有很大的幫助，還有助於提升我們的意志力。

30

5
● 容易依賴父母 ●

　　最近爸媽都很忙，在家的時間不多，所以家裡常常沒人整理，就顯得很亂，像是要換洗的衣服沒有放在洗衣籃，碗筷也常常沒有清洗。有時我也覺得家裡太亂，想要把家裡整理乾淨，但很快又會打消念頭：我年紀還小，還是先不要插手好了，反正到時爸媽還是會整理好，等我長大以後再來幫忙做家事吧！就這樣，生活事務爸媽還是什麼都幫我處理好，所以我遇到自己不想做的事情，推給爸媽就好了。

可能會產生的心理阻力

不處理也沒關係，反正到最後爸媽都會幫我處理好的。

這些事情感覺很難處理，還是不要做了，交給爸媽處理吧！

我年紀還小，很多事情等我長大以後再開始做吧！

爸媽是最疼我的了，他們不會不幫我的。

心理分析和暗示

① 每個人都有自己的事情及任務要完成。

② 能靠自己完成一件事，讓人覺得很有成就感啊！

③ 爸媽雖然很愛我們，但不能總是讓他們擔心啊！

④ 先試著自己解決問題，遇到困難再請爸媽幫忙，這樣也不錯！

技巧練習及總結

1.錯誤觀念：什麼事都依賴爸媽幫忙

任何事情爸媽都會幫忙處理，我只要安心等待就好了。

小結

很多事情我們或許無能為力，只能透過爸媽幫忙才能做好，但這不代表我們可以什麼事都不用做。過度依賴父母，會降低我們的行動力。一些比較簡單的事情，如果我們可以自己做，就應該主動去做！

2.先試著自己做，若無法解決再尋求協助

不能再這樣懶惰下去了，如果不試試看，怎麼知道自己真的做不到呢？

小結

「遇到困難尋求幫助」與「完全依賴父母」，是不一樣的。如果在事情一開始就全部都推給爸媽，只會讓自己的行動力愈來愈差。其實我們可以先試著解決，真的不行再尋求協助。

3.讓爸媽來督促自己，讓自己開始動起來

我得培養做事的能力，就讓爸媽來督促我吧！

小結

在試著開始做之前，可以先聽聽爸媽的建議，在他們的指導下行動。事情做完後，再請爸媽幫忙檢查，看看有沒有需要改進的地方，下次就可以做得更好。

和心理博士
聊聊天

　　每個孩子出生前和媽媽之間都有一條臍帶相連，孩子出生約兩週後，臍帶就會脫落。但我們仍然會發現，許多同學身上似乎還有一條心理上的臍帶：他們離不開父母，在心理上從未「斷奶」，總是喜歡待在爸媽照顧的「安逸區」裡。回到安逸區裡可能會讓我們覺得很放鬆，但也會錯過許多成長的機會。

　　我們已經是小學生了，有時候可以想想看，爸媽不在家時我們可以怎麼做。這是每位同學都要面對的課題，也是我們成長的必經之路。生活中充滿了許多不確定，沒有標準的答案，但唯一能確定的，就是我們需要學會獨立。就像作家龍應台說的：「所謂父女母子一場，只不過意味著，你和他的緣分就是今生今世不斷的在目送他的背影漸行漸遠。」所以，無論是對父母還是我們來說，負責任的愛，就是要讓大家學會獨立。

6
● 一遇到困難就想要放棄 ●

　　我想參選班級幹部，但是每位參選的同學都必須上臺演講 10 分鐘。這對我來說是非常大的挑戰，因為我從小就不太擅長在公開場合演講。除了這個難題，我也很清楚，和其他參選班級幹部的同學們相比，自己好像沒什麼優勢，即使硬著頭皮上臺演講，也八成會落選。想到有這麼多困難要解決，雖然真的很想擔任班級幹部，但最後我還是決定放棄參選了。

可能會產生的心理阻力

要實現理想真的是困難重重，這種困難的事還是別輕易嘗試吧！

不知道為什麼，做任何事情前總是會想到最壞的結果。

對自己總是缺乏自信心，我也很苦惱啊！

反正最後都會落選，我再怎麼努力也沒有用！

失敗！

心理分析和暗示

1 其實事情沒有想像中困難，去做了就知道。

2 困難的事才更有挑戰性，完成後也會更有成就感。

3 只要開始行動，任何事都是有可能完成的；但不去試試看，就連完成的可能性都沒有。

4 不困難的事任何人都能做到，那還能算是挑戰嗎？

技巧練習及總結

1.錯誤觀念：一開始就想到最壞的結果來嚇自己，導致退縮不前

不論做什麼都沒有用，最後還是會失敗的。

小結

有的人遲遲不敢踏出第一步，就是因為想太多了，總是先想到會失敗、會遇到困難。如此一來，就容易讓自己打退堂鼓，因為總認為「再怎麼努力也是徒勞無功的」。

2.學會正確看待失敗

失敗是件很正常的事，我不能總是害怕失敗！

小結

害怕失敗而不敢嘗試，是許多人都會有的心理障礙。其實，失敗並不是一件丟臉的事，怕失敗而不敢去試試看，才是有一點丟臉啦！

3.不要太看重結果，試著換一種角度來看待問題

重點在於參與，沒選上也沒關係！

小結

如果只在乎事情的結果，那就很容易讓人退縮，因為失敗的機率是一半。但我們可以換一種角度來看待問題，即使沒有選上，在參選過程中也能帶來許多成長與磨練，這些收穫也是一種成功。

不試試看，怎麼會知道能不能成功，如果真的……

小結

在行動前預估的結果及各種可能性，並不一定準確。即使心裡很在乎是成功還是失敗，也要耐心等待行動後才能看到最終的結果。也許會有意外的成功呢！

和心理博士聊聊天

　　當遇到像參選班級幹部這樣的情況，而有害怕面對困難的心情時，我們可以畫一個「自我分析的圓餅圖」。

　　什麼是自我分析的圓餅圖？就是把退縮不前的原因一條條明確列出，讓它們清楚呈現在圓餅圖上。也許透過這張圖，我們會發現自己的優點比想像中還要多。例如原本想到的困難包括：成績不夠好、不擅長公開演講……而優點是人緣好、老師也很肯定我等等。把這些優、缺點依照各自的佔比，標示在圓餅圖上，看看哪些是可以改變的，哪些是不容易改進的。知道了這些優、缺點的佔比，就能掌握自己該努力的方向，也能更清楚、更客觀而全面的分析問題，並增強自信心。

7
● 做沒興趣的事效率非常低 ●

媽媽在廚房裡忙著煮飯，所以請我幫忙下樓去領取網購到貨的雞蛋。那時我正在看卡通，就隨便應付一下：「好，我看完這集就去拿！」但是看完一集後，我又想繼續看下一集。結果我連續看了好幾集，也沒下去拿，一直到媽媽不耐煩的催促我，我才慢吞吞的下樓去。後來，媽媽在廚房裡等了很久，我才把雞蛋拿回家，媽媽都快急得跳腳。因為，我在樓下和其他朋友玩了一下，才到門口警衛室那裡拿雞蛋。

可能會產生的心理阻力

我就是很容易把最不想做的事留到最後，等到不能拖了才去做。

別擔心，慢慢來！反正到最後我都可以把事情做完的。

我不喜歡專心做一件事，而是喜歡穿插做一些自己有興趣的事。

只要我認真起來，這件事 10 分鐘就可以完成了，沒什麼好怕的。

心 理 分 析 和 暗 示

① 做事情總是拖延並非性格問題，而是能改變的習慣。

② 看起來花了好幾個小時，但真正投入做事的時間只有 20 分鐘。想想看，剩下的時間都用在哪裡了呢？

③ 把事情視為一種負擔，那效率可能會大打折扣。

④ 為什麼做自己有興趣的事情時，效率就很高呢？

技巧練習及總結

1.錯誤觀念：用應付的心態做事情

不喜歡做功課，怎麼做完的不重要，反正最後能完成就好了。

小結

我們在做事情時，會對自己喜歡的事特別用心，很快就能完成；但對於不太喜歡的事就會想要拖延、應付，直到最後一刻才去做，這是一種可以調整好的心態問題。

2.先做最要緊的事，而不是先做最喜歡的事

媽媽煮飯正等著要用雞蛋，我應該先拿回家，再繼續看卡通！

小結

效率低下的原因之一，就是在同一時間裡做很多件事，像是穿插著做自己喜歡的事情。我們要懂得安排做事情的先後順序，先處理最要緊的事，而不是先做喜歡的事。

3.把任務變成自己主動想做的事，而不當成負擔

我們本來就應該幫媽媽的忙，做功課也是很重要的事，應該要把握時間先完成任務，再做其他想做的事。

小結

要怎麼讓自己主動去做事情呢？這就需要我們能分辨事情的輕重緩急，並學會改變自己的想法了。就像是做功課，可以轉變想法為「做功課是自己應盡的責任」。當想法改變後，做事效率自然就會提高了。

如果可以買車的話，大家會選擇什麼樣的車呢？我想每個人的回答可能都不盡相同，但應該沒有人會想買一輛沒有煞車系統的車吧！「煞車系統」就像是我們的自制力，想想看，如果我們不知道何時可以減速，那不是很可怕嗎？所以自制力非常重要。

那該如何培養自制力呢？面對生活中各式各樣的大小事，我們可以設立一個「行為紅綠燈」，將待辦事項列成清單，並在心裡設定好事項的優先順序。值得鼓勵的行為，標示為綠燈行為；不鼓勵但還可以接受的行為，標示為黃燈行為；還有絕對不能做的行為，標示為紅燈行為。

接下來優先處理那些重要且必須做的事情，不要在瑣碎且不重要的事情上浪費時間。透過有效管理和利用時間，我們不僅可以提高做事效率，還能在學習、成就上得到更好的結果。

8
● 總是無法持續做一件事情 ●

　　聽說班上有很多同學都蛀牙了，所以老師在上課時提醒大家要好好保護牙齒，養成每天早晚刷牙的好習慣。我一開始很認真聽從老師的話，連續好幾天早晚都刷牙。但是過沒多久，我就失去堅持刷牙的熱忱，又開始睡前懶得刷牙了。「最近幾天都很想睡覺，懶得刷牙了，過幾天再說吧。」我心裡這樣想著。可是過了很多天，我也沒有恢復晚上刷牙的習慣，就這樣，我也漸漸忘了刷牙這件事了。

可能會產生的心理阻力

想堅持下去做的事情，最後都變成了負擔，常讓人覺得想逃避。

像我這樣的懶惰鬼，要把一件事變成長久的習慣真的很難。

就算好幾天晚上不刷牙也沒關係，過幾天後再重新開始刷牙也可以！

同樣一件事連續做好幾天，就失去新鮮感了！

心理分析和暗示

1 能持續做一件事，就是值得驕傲的事情。

2 需要持續努力做的事，通常都是一點一滴累積下來才能達到理想的效果，所以堅持下去很重要。

3 當一件事情變成習慣後，就會覺得做這件事很正常。

4 目前在做的是正確的事，所以應該持之以恆去做！

技 巧 練 習 及 總 結

1.錯誤觀念：想要追求做事的新鮮感

對一件事情失去新鮮感就覺得沒動力，不想再繼續做了！

小結

想要追求新鮮感是正常的心態，但新鮮感往往只是一種短暫的感覺。如果我們只追求新鮮感，很多事情就無法堅持下去了。

2.了解為什麼要堅持

我想要牙齒整潔又健康，不想要蛀牙，所以我每天晚上睡前都會刷牙。

小結

首先要了解自己正在做對的事情，所以應該堅持下去，因為這是有意義的。例如刷牙可以讓牙齒更健康，口氣更清新。就像我們攝取食物時，不能只注重是否美味，而是更應關心食物的營養和健康。

3.試著從堅持中找到樂趣

能堅持下去，才會發現原來這件事真的很有趣！

小結

想讓自己持之以恆的方法之一，就是找到做這件事情的樂趣。例如閱讀、學習可以讓自己獲得更多知識，帶來樂趣；堅持鍛鍊身體也是，因為可以看見自己的體態變好，體能也不斷進步。

和心理博士聊聊天

這裡向大家分享一個小故事：

古希臘哲學家蘇格拉底，有天對著他的學生說：「從今天開始，我們做一件最簡單、最容易的事，就是請大家把手臂盡量往前甩，再盡量往後甩，每天都做300次。」

學生們心想：「這很簡單啊！」過了一個月後，蘇格拉底問學生們還有誰持續做這件事，大部分的人都自豪的表示有做到。又過了一個月，蘇格拉底又問還有多少人堅持下去，結果只剩一半的人還在做。一年過後，蘇格拉底再次詢問多少人還在堅持時，只剩下一個人舉手。最後，蘇格拉底告訴學生們：「世上最容易做到的事，往往也是最難的事。說容易是因為只要願意做，人人都能做到；說難則是因為能夠持之以恆的人少之又少。」而所有學生中，只有那位堅持到底的人獲得蘇格拉底的真傳，他就是古希臘另一位著名的哲學家柏拉圖。

這個故事告訴我們，千萬不要忽略持之以恆的道理。想要獲得成功，或是實現自己的夢想，就必須努力堅持下去。唯有如此，才能逐漸朝著理想邁進。

2

解決篇

從生活小事做起

❶ 不再拖延做暑假作業

放暑假了，小Q和同學們都很開心。

哈哈，從現在開始我可以隨意上網啦！

一回到家，小Q就開始用電腦上網。

接下來幾天，小Q不是和朋友們一起踢球，

就是去朋友家打電動。

大家整天都玩得不亦樂乎。

你玩了整整一週了，怎麼都沒看到你在寫作業？

暑假還很長啊，才過一個星期而已，不用著急啦！

現在不寫，拖到最後怎麼寫得完？明天開始先寫好作業再出去玩！

知道了啦！

看著一堆暑假作業，小Q不知道該從何做起，毫無動力。

唉！

他硬著頭皮寫了一下，但卻無法靜下心來。

滑手機

倒水喝

瞄一下電視

後來，他又聽到朋友們呼喊他的聲音。

他趕緊把一週份量的暑假作業草草寫完。

日子就這樣一天天的過去了。

暑假就快放完了，小Q的作業還是沒寫完，他終於有火燒屁股的感覺了。

說過要及早開始寫作業的吧！

唉，如果我每天都有按時寫完作業就好了。

同學們有沒有拖拖拉拉不想寫作業的情況呢？像這樣的問題我們應該如何解決？讓我們繼續往下看吧！

9
• 會提前整理書包 •

今天早上媽媽被我氣到一直跺腳。事情是這樣的，我比較晚起床，媽媽催促我動作快一點，但是我還是一直慢吞吞的。媽媽一邊為我準備早餐，一邊反覆的叫我快點，以免上學遲到，但我還是很懶得動，彷彿今天是週末不用上學一樣。媽媽最後看不下去，大聲唸我：「不是早就叫你提前整理好書包，怎麼書包還是一團亂？」看到媽媽這麼生氣，我才開始加快動作，把書包整理好，這件事好麻煩啊！

可能會產生的心理阻力

整理書包是件麻煩的事，我不喜歡也不想做。

不用急著整理啦，現在還有時間吧？媽媽怎麼這麼急。

我現在還不想整理，等想整理的時候一下就整理好了，不用催！

媽媽覺得時間很趕卻不幫我整理，明明就知道我不喜歡整理書包。

心 理 分 析 和 暗 示

1　整理書包是自己的責任，讓媽媽催促是不應該的。

2　上學都快遲到了還不整理書包，難道想要遲到嗎？

3　提前整理好書包才不會匆匆忙忙，心情也比較輕鬆。

4　如果不提前整理書包，到最後一刻才開始匆忙的隨便整理，可能會忘記帶到上課需要用的課本或文具。

技巧練習及總結

1. 了解整理書包是自己該做的事

沒有新鮮感就覺得沒有動力，不太想再做了！

小結

面對不喜歡做的事，我們可能總是想要推給別人，還可能因此心生不滿，讓自己的拖延行為更嚴重。但是，我們應該意識到，整理書包是自己該做的事。

2. 提早行動，晚上睡覺前就先整理好

提早整理書包，可以避開容易懶散的時刻。

小結

建議大家在前一天晚上睡覺前就把書包整理好，可以避免早上起床後手忙腳亂的情況。早上剛起床時通常比較懶散，更容易產生拖延心態，而且整理的時間較少，也很容易遺漏要帶的東西。

3. 改掉「拖到最後一刻才行動」的壞習慣

拖到最後一刻才行動，往往都會手忙腳亂，現在該改掉這種不好的習慣了。

小結

拖延常見的內心想法就是「時間還夠，頂多到時候趕一下」。其實，總到最後一刻才匆忙行動，大多是因為缺乏積極主動的態度。如果我們能改變這樣的心態，事情也會做得更好。

很多同學習慣晚睡，結果早上爬不起來，這對我們會產生什麼影響呢？

有一個實驗稱為「薩德夫睡眠實驗」。這個實驗將77名四年級和六年級的學生分成兩組：第一組學生比平時多睡半小時，第二組學生則比平時少睡半小時。最後學生們在第四天早上接受神經功能測試──這個測試能有效預測學生的學習成績，並評估他們在上課時的注意力。透過實驗，科學家得出一個驚人的結論：一名睡不飽的六年級學生，他的成績與睡眠充足的四年級學生差不多，也就是說，少睡一個小時，相當於喪失兩年時間的學習與發展！

會有這樣的結果，是因為大腦在白天時會處理並整合一些記憶，而鞏固記憶和深入理解則會在夜晚，也就是在我們睡覺時進行。白天學習量愈多，晚上需要的睡眠時間就愈長，如果第一天晚上睡眠不足，第二天大腦的思考能力就會受阻而下降，進而形成惡性循環。所以，睡眠品質好與睡得飽，對學習與記憶力十分重要。

10
● 吃飯、洗澡都不再拖延 ●

吃飯時間到了，媽媽叫我去吃飯，因為我正在房間打電動，所以先回了一句「好」，而沒有馬上出來吃飯。過一會後媽媽又開始催了，「來了啦！」我又這樣回應，但是再過了幾分鐘，我依然沒打完電動，所以還是沒有出來吃飯。結果媽媽生氣了：「你不來吃飯就繼續餓肚子吧，不管你了。」聽到媽媽生氣的回我，我才趕快跑出來。但媽媽的火氣還沒消，責怪我說：「你怎麼一直拖拖拉拉的？吃飯、洗澡都要人家催，你都已經多大了！」我只好默默的聽著媽媽的責備，雖然我也想改掉拖拖拉拉的壞習慣，但總是改不過來。

可能會產生的心理阻力

這個遊戲實在太好玩了，玩完再出去吃飯就好！

反正現在也不是很餓，先玩完再吃飯也可以。

爸媽會等我一起吃飯，稍微慢一點再過去吃也沒關係。

距離吃飯時間還有十分鐘左右，還是先玩再說吧！

心理分析和暗示

1. 吃飯是重要的事，吃完飯再繼續玩遊戲也可以啊！

2. 按時吃飯是健康的生活習慣，別讓爸媽等太久。

3. 從吃飯、洗澡這些事開始，培養立即行動的好習慣。

4. 媽媽生氣是合理的，因為吃飯是生活中很基本的事情，是我自己太會拖延了。

技巧練習及總結

最多只是晚個十幾分鐘，媽媽不用這麼著急吧！

小結

對我們來說，吃飯、洗澡等都是生活中很基本也很重要的事。如何面對及處理這些事情，實際上也反映出我們的生活習慣和價值觀。我們必須認真面對這些基本而重要的事情，不能只顧著玩樂。

從吃飯不用媽媽再三催促開始，成為一個自律的人！

小結

依照安排的時間行動，能幫助我們成為自律的人。這種「什麼時候該做什麼事情」的方法，可以應用在洗澡、讀書等方面，提升行動力和做事情的效率。

規定就是規定，一直拖延就不能吃飯了，準時專心吃飯吧！

小結

想馬上改掉拖延習慣確實不容易，有時必須借助一些強制的規定。我們可以和爸媽討論，訂定一些在家裡要遵守的規定，例如「過了規定時間還沒洗澡就關水」，透過時間上的壓力，來強迫自己不再拖延。

和心理博士
聊聊天

關於這種喜歡拖延、很被動的狀況，可以跟大家分享一個心理學實驗，實驗的對象是養老院裡的年長者。

第一組是位於四樓的年長者，他們被告知了三件事：一、可以自己決定如何布置房間；二、養老院為大家準備了一份禮物，可以選擇要或不要；三、養老院在下週四、五各會放映一場電影，可以選擇要在哪一天觀看。而另一組是位於二樓的年長者，他們被告知的是：一、養老院會為大家打造一間幸福又漂亮的房間；二、養老院為大家準備了一份禮物；三、下週會通知大家哪一天去看電影。

這兩組年長者最大的差別在於，位於四樓的年長者有選擇的權利，可以自己決定與調整生活；而位於二樓的年長者雖然待遇和四樓的人基本相同，但他們只能被動的接受。結果18個月後，二樓有30％的年長者離開了人世，四樓的年長者則生活得更快樂、更有活力。由此可見，如果加強一個人對自我的責任感，提高他對生活的控制權，除了生活品質會提升，面對生活的態度也會更積極。所以我們應該要培養自立、自理的能力，學習如何掌控自己的生活，而不要總是依賴父母，讓他們牽著我們往前走。

11
● 放假時不再拖著不寫作業 ●

　　終於放假了，感覺輕鬆了不少，我每天都在玩，一下子看電視，一下子打電動，假期都過了快一半，才想起還有很多作業還沒有做。雖然我一開始有點緊張，但很快就沒這麼焦慮了。我總是安慰自己：別擔心，還有時間的，明天再開始寫作業就好了。每次我只要想起作業，都會這樣安慰自己。然而轉眼間，假期只剩下最後幾天了，我的作業還是沒做完，開始有火燒屁股的感覺，而且要做的作業實在太多了，我不知道該怎麼辦才好。

可 能 會 產 生 的 心 理 阻 力

暑假作業實在太難了,只能先暫時放一邊,我也不知道可以找誰來幫忙。

作業實在太多了,不知道應該先從哪邊開始做比較好。

假期好像還有很多天,明天再開始寫作業也不算太晚,絕對來得及!

沒有辦法靜下心來,有太多好玩的事情了。

心 理 分 析 和 暗 示

1 時間一天天過去,轉眼間假期就會過掉一大半的!

2 作業雖然很難,但拖到明天也不會變比較簡單啊!

3 如果不一點一點去完成,作業感覺一直都是這麼多。

4 寫完作業再好好去玩,玩樂時也不用一直想著還有作業要寫,這樣感覺更輕鬆耶!

技 巧 練 習 及 總 結

1. 設定一個完成作業的日期

8月10日是完成作業的最後期限,加油!

小結

如果沒有確定的日期,寫作業時很容易一拖再拖。設定好完成作業的日期,例如設定在假期結束前兩週,給自己一些急迫感,才能下定決心開始寫作業。

2. 將作業分成幾個部分,並擬定具體的完成計畫

面對作業毫無頭緒,也許可以擬定一個詳細的完成計畫。

計畫表

小結

我們可以試著將作業分類與歸納。例如分為基礎練習和習作,或依照科目分類等等,然後擬定完成作業的時間表和各階段的完成目標。計畫要清楚詳細,也就是什麼時間完成哪些作業,然後嚴格執行。

3. 遇到困難不要拖延

是的,我可以請教爸媽,先把最困難的作業完成,後面做起來就會輕鬆很多了!

小結

如果先將最困難的部分完成,其他部分處理起來就會比較輕鬆,也會讓自己更有信心。遇到困難不能拖延,否則小困難也可能變成更大的挑戰。

作業還沒寫完，不可以打電動！

小結

為了避免分心，可以和自己約定好：寫完作業後才能做其他事情。如果覺得自己的自制力比較薄弱，也可以請爸媽協助監督，能更嚴格的督促自己。

和心理博士聊聊天

在由美國心理學博士所寫的《拖延心理學》一書中，描述了一個關於拖延的陷阱：在面對一個新的事物時，拖延者總是處在「想」的狀態，無法踏出第一步；他們一邊拖延一邊焦慮，整個過程感到非常痛苦，這就是「拖延」逐漸蠶食掉原本該享有的、順利完成工作後的幸福感。

面對拖延該怎麼做呢？我們可以先在心理上告訴自己，這只是一次嘗試，抱著試試看的心態開始行動。例如同時拖延了幾件事情時，可以選擇其中最容易完成的一件事情開始做，讓自己動起來。不要過度追求完美，或期待會得到非常好的結果，而是在行動過程中讓心理慢慢習慣面對事情。這樣，我們就能獲得戰勝拖延的信心。

12
● 如何能持續每天寫日記 ●

　　經由國語老師的講解，我了解到要提高作文能力的簡單方法之一，就是持續寫日記。為了讓作文有顯著的進步，我決定每天都要寫日記。第一天，我寫了一篇很長的日記；第二天，日記就開始變短了；到了第三天，我的日記只剩下一句話……三天後，我就無法再持續下去了。「或許不用每天都寫，先休息一下，有空再繼續寫吧！」我這樣對自己說。可是過了一個月，我也沒有再寫過一篇日記。

可 能 會 產 生 的 心 理 阻 力

我了解寫日記的
好處，但總覺得
沒時間寫。

每次都會想說明天
再寫也可以，然後
日子一天天過去，
還是都沒寫。

如果每天都寫，好
像很快就沒有東西
可以寫了，所以就
不想持續寫了。

寫到後來覺得很枯
燥乏味，所以無法
持續下去也是很正
常的吧！

明天

心 理 分 析 和 暗 示

1 沒時間寫只是藉口，其實寫日記不會花很多時間！

2 有想到的立刻寫下來，不然到明天可能又不想寫了。

3 可以兩、三天寫一篇或一週寫兩篇，能維持就很棒！

4 把寫日記當成在交作業，就會覺得無趣。把發生的事
記錄下來，長大後回頭翻閱，其實是很有趣的喔！

技巧練習及總結

1.錯誤觀念：將寫日記當成交作業

不知道為什麼，把寫日記看成一種作業，就不太想寫！

小結

不要將寫日記當成在交作業，而是要當成自己想做的事。想想看為什麼要寫日記？除了提升作文能力外，寫日記還有哪些好處呢？

2.將每天寫一次改成一週寫兩次

每天都寫覺得很困難，本來充滿熱情，現在只想應付了事，該怎麼辦？

小結

有些人可能適合每天寫，但大部分的人可能更適合一週寫幾次就好。如果覺得每天都寫很困難，就不需要逼自己寫，可以改成一週寫兩次，除了會輕鬆一點，也可能有更多想寫下的內容。

3.正確看待寫日記這件事：把記憶寫進日記裡

寫日記就是把現在發生的事記錄在日記裡。

小結

寫日記除了能幫助我們調適情緒，還可以將現在發生的事和當時的想法記錄下來，讓這些事不會被輕易遺忘；未來某一天，我們可以再拿出來翻閱。所以持續寫日記，是一件非常有意義的事。

　　寫日記是認識自己最好的方式之一，持續寫下一段時間的日記後，再往回翻閱，我們就會發現：很多事情如果沒有記錄下來，我們就會忘記許多有趣的想法、美妙的體驗和充滿情感的表達。

　　要如何維持寫日記的習慣呢？我們可以試著從寫「情緒日記」開始，就是不用記下具體發生的事，而是在感受到某種情緒時，就趕快記錄下來。寫情緒日記的原則就是真實：記錄感受時，不要只有模糊的描述，例如「我很難過」。我們需要更詳細的描述，例如是因為什麼事情感到難過？當我們詳細寫下自己的感受後，就可以找到情緒上的「地雷區」和「幸福區」。

　　有些同學可能會問：「要記錄這麼多東西不會很麻煩嗎？」但換個角度想想看，我們都希望生活可以過得更精采，而情緒控制是非常重要的。所以記錄自己的「情緒日記」，找出引起不同情緒的原因，其實就是在描繪自己的「情緒地圖」，讓自己以後能夠將情緒控制得更好。

13
• 上才藝班培養興趣 •

　　有一天，媽媽不知道從哪裡聽說烏克麗麗很容易學，尤其很適合像我這個年齡層的小朋友，所以還沒經過我的同意，就幫我報名了烏克麗麗的才藝班。我覺得很不高興，感覺就像媽媽硬塞一件我不喜歡的事情給我。而且，花時間上才藝班就代表我玩樂的時間也變少了。所以，我心裡感到非常抗拒，也不是很主動認真去學習，一直都是用應付的態度面對。

可能會產生的心理阻力

感覺不是我想要學的，是媽媽強迫我學的，一想到就覺得很委屈！

媽媽硬要塞過來的事情，就只好應付一下了。

以後玩遊戲的時間又變少了，感覺都快要沒有自己的時間了。

要學就學吧，一開始我也沒說過想要學，如果學不會也不能怪我。

心理分析和暗示

① 報名了就好好去學，或許能學到不一樣的東西！

② 雖然媽媽沒有經過我的同意就幫我報名，但媽媽也是希望我能學到更多技能，盡力學習就好。

③ 娛樂時間變少，那就把學習烏克麗麗看成一種遊戲。

④ 先試試看好了，也許我會喜歡呢！

技 巧 練 習 及 總 結

1.錯誤觀念：將學才藝視爲媽媽硬塞給我的功課

媽媽只是引導我去學才藝，而學習的過程可以幫助自己成長！

小結

如果一開始就把上才藝班視為媽媽硬要塞過來的功課，而產生抗拒的心理，想要學好就很困難了。所以我們應該調整心態，將「媽媽強迫我學」轉變為「我想為自己學」，並在內心不斷強調這樣的信念。

2.試著先學會彈一首簡單的曲子

原來沒有那麼困難，比想像中還要容易，我要繼續加油！

小結

可以試著先學會彈一首簡單的曲子，這樣可以讓自己有些成就感，覺得「原來沒有那麼難」。增加繼續學習的信心，也有助於提升參加才藝班的意願。

3.和好朋友一起學習

如果能和好朋友一起學，感覺會更有趣更好玩。

小結

我們都喜歡和好朋友一起學習與成長，這樣也更有助於學習與發展。所以不妨邀請好友一起報名，大家一同享受上課的樂趣。

4.將學習烏克麗麗視為一種遊戲

是的，就像是玩遊戲一樣，玩得好自然也就學得好！

小結

玩遊戲的心態會引發自我挑戰的心理，每次進步就像遊戲通關一樣，會帶來更多滿足感和成就感，相信自己有能力可以闖關成功。

和心理博士聊聊天

想找到最適合自己的興趣，大家可以從三個方面來思考：

首先是「能不能」：檢視自己擅長的部分與優勢，是否適合參加這些才藝班。例如學音樂需要有較好的音感，學舞蹈需要身體的協調能力，學寫作需要良好的觀察力等等。

其次是「喜不喜歡」：雖然具有學習天賦，但如果缺乏興趣，即使能學得很好，內心也很難感到快樂。

最後是「需不需要」：我們也可以從社會需求、未來所從事的工作，這些角度來考量。例如某項興趣和社會之間有什麼樣的關聯？我們的未來，是否會因為這個興趣而有所不同？

總結來說，如果想找到最適合自己的興趣，而且開始去接觸、學習相關的事物，那你可以和爸媽一起思考並討論，盡可能找到以上三個方面的交集點。

14
● 願意面對課業上的困難 ●

　　我的國語比較好，會主動花時間讀國語，但在學習數學上花費的時間就比較少。對我來說，數學實在是太難了，總是被一道道數學問題打敗。所以一遇到難題，我就只想逃避，把數學放一邊，也因為這樣，我遇到的困難愈來愈多，學習數學的動力也愈來愈小。我也想改變現況，但是一翻開數學課本，卻只看到一堆自己不會做的題目，還有無法理解的知識，讓我瞬間感到壓力很大。因為害怕面對困難，所以數學變成我心裡的一道難關。

可能會產生的心理阻力

因為不擅長，也就愈難得到成就感，我就愈不想花費時間在上面。

數學真的太難了，不是我擅長的。

不是不想學好，而是要學好太困難了，我一直無法克服。

既然學不好，還是逃避與放棄比較好。

心理分析和暗示

1. 困難如果不解決就只會一直存在，無法迴避。

2. 如果困難不斷累積，想要解決就更加辛苦了。

3. 正因為有不懂的地方，所以才需要好好學。

4. 也許本來問題不大，一下子就能解決，但如果選擇逃避，再次遇到時就會變得更困難了。

技巧練習及總結

1. 開始學習，就能逐漸克服困難

需要學習就是因為有不了解的地方，不能因為不懂就不去學習。

小結

因為不懂才需要學習，但不懂時就會覺得困難，這時就更應該好好學習，而學數學也是同樣的道理。當我們持續學習，漸漸的就能把不會的變成會的。

2. 不要在身體感到疲勞時處理難題

覺得好累好想睡覺，但是這題還沒解出來，還不能睡！

小結

我們要盡量提高解決問題的效率，才能增加自信心與面對困難的決心。不要在身體疲勞時硬撐著想要解決問題，因為這樣效率一定會降低，就會感覺很困難，讓自己更容易受挫。

3. 請教別人並不是什麼丟臉的事

這道題目不會做，可以問問看別人，或許就能找到解題方法。

小結

請教他人是一種解決問題很有效率的做法。可能對許多人而言，覺得不好意思去請教別人，但這並非丟臉的事，而且很多問題往往需要借助他人之手才能解決。

我想獲得更多的知識，所以要更積極努力學習，主動克服困難！

小結

想變得更強大、擁有更多知識嗎？相信多數人答案是肯定的。所以我們要透過不斷學習並克服困難來實現，而學習數學正是這樣的過程。

和心理博士聊聊天

　　想要解決問題時，如果一下子就挑戰高難度問題，一定會力不從心。試著從最簡單的事開始著手，即使只做一個星期，也會感受到不同。這裡介紹一個「10分鐘法則」。科學家發現，僅僅10分鐘就能改變大腦處理獎勵的方式。例如訂定一個每天運動的計畫，但懶得運動時，就設定一段10分鐘的時間，告訴自己「只要運動10分鐘就好」。

　　有些事項需要花費許多時間處理，許多人一想到這點，內心就會抗拒。但是只花個10分鐘就不同了，「10分鐘法則」讓我們覺得只要忍耐10分鐘就好，所以能幫助我們增強行動力，抽出時間去做。只要開始行動，大家就會發現，或許可以慢慢延長時間。

15
● 會主動整理自己的房間 ●

　　我的房間亂七八糟，玩具到處亂放，襪子也亂丟，棉被也沒有疊好，還常常找不到自己的課本和鉛筆盒。媽媽常說我的房間亂得跟豬窩一樣。我也知道這樣不太好，所以對媽媽說：「別擔心，給我一點時間，我會把自己房間整理好的。」但才整理沒多久，我就覺得很累，「唉，先這樣吧，改天再繼續整理。」我這樣安慰自己。過了很多天，我的房間依然還沒整理好，甚至變得愈來愈亂，需要整理的地方變多了，我也愈來愈懶得整理。

可 能 會 產 生 的 心 理 阻 力

整理房間真的太累了，一點都提不起勁。

先休息一下好了，今天實在是不想整理，等到明天再繼續好了。

房間亂到不知道該從哪裡開始整理，看到就頭痛，只想逃避！

短時間內無法整理好，只好等有空的時候再來整理吧！

心 理 分 析 和 暗 示

① 自己的房間自己要整理好，這是理所當然的！

② 今天不整理，明天就會變得更亂更難整理了。

③ 看到房間整理得整齊又乾淨，覺得很有滿足感！

④ 經過這次獨自把房間整理好後，發現把房間整理好其實並不難啊！

技巧練習及總結

1.錯誤觀念：只想拖延，想說有時間再整理

雖然房間很亂，但床還有位置可以睡覺，其實也還好，今天好累，改天再繼續整理吧！

小結

我們總覺得有空時再整理房間也可以，但這種拖延心態會讓我們變得愈來愈懶惰，還會讓房間愈來愈難整理。所以覺得應該要整理一下房間時，最好馬上開始行動。

2.想想看房間整齊有哪些好處

房間整齊東西才容易找到，處在乾淨整齊的環境中，心情也會比較好。

小結

想想看，保持房間乾淨整齊對我們有哪些好處？房間過於雜亂可能會帶來哪些問題？思考一下這些問題，也許可以讓我們受到激勵，並盡快行動起來。

3.學會簡單的整理方法：將物品分門別類放好

物品不要隨意亂放，分門別類放好，房間看起來就會整齊許多！

小結

很多同學沒有整理過房間，所以剛開始會不知道該如何下手。其實，只要學會簡單的歸類整理，就能進一步成為整理房間的達人了。將物品分門別類擺放好並不難，又能快速讓房間變得整潔。

4. 可以加入一些獎勵或懲罰

如果房間沒有整理好，就不能打電動！

小結

為了讓自己更積極努力行動起來，可以加入一些獎勵或懲罰。例如，如果我們把房間整理好，可以給自己一個小禮物做為獎勵；相反的，如果沒有整理完房間，就不能看電視、打電動等等。

和心理博士
聊聊天

當我們做某件家事時，相應的技能也會得到提升。例如掃地時，我們需要不同感官相互協調配合和集中注意力來完成，同時還需要觀察環境與設想掃地的動線。這種綜合能力還可以擴展應用在其他方面的認知學習中。

在整理房間的過程中，我們可以察覺自己的能力，並透過行動了解及改變周圍的環境，培養對自我的價值感、認同感和責任感。最後我們也需要運用智慧來整理房間，大家可依照下列順序整理：衣服、書籍、文件、小東西、紀念品，整理的重點是，留下會用到的、喜歡的或是具有特殊意義的物品，其他不需要的物品就可以清理掉了！

16
● 維持運動習慣 ●

　　自從我開始變胖以後，就發現體力愈來愈差，爬兩層樓梯就氣喘吁吁。「要開始安排每天的運動計畫了。」我暗自下定決心。更為了方便隨時都能運動，我請爸爸買一臺跑步機給我，爸爸認為這是個好主意，所以二話不說就幫我把跑步機買回家了。跑步機剛送到家裡的那幾天，我每天都努力不懈的跑步，但很快我就維持不下去了。後來我把每天跑步改成一週跑一次；但到了最後，跑步機都布滿灰塵了，我也沒再跑過一次。

可能會產生的心理阻力

鍛鍊身體太累了，有想法很好，但要持續運動真的很難實現！

跑步運動很無聊，熱情很快就熄滅也是正常的。

今天不想運動，明天再多運動一些時間也可以，反正都一樣！

覺得運動好像沒什麼效果，只是徒勞無功，所以不想再繼續了。

心理分析和暗示

① 不想連爬樓梯都氣喘吁吁，想讓身體更健康的最好方法，就是持續運動！

② 將運動視為生活的一部分，並找到其中的樂趣！

③ 每天花點時間運動，一段時間後整個人會更有精神！

④ 如果只是偶爾運動，對體能的幫助並不大。

技 巧 練 習 及 總 結

1. 錯誤觀念：一開始就過度運動

好久沒運動了，我明天要好好努力跑個五公里！

小結

許多人決定努力運動後，往往充滿熱情而安排過量的運動，這樣反而使運動習慣難以維持下去，也可能對身心造成極大的困擾。運動並不是折磨，我們要依據自己的實際情況來適度調整。

2. 錯誤觀念：興致來時才想鍛鍊，無法規律運動

今天休息一下，明天再花雙倍的時間來運動就可以了。

小結

有時因為懶惰而不運動，有時因為充滿熱情而瘋狂運動，很容易就會從一週運動一次，漸漸變成一個月運動一次，甚至到最後完全放棄。

3. 每天都運動一下，養成規律運動的好習慣

可能是原本的計畫太單調了，讓我覺得運動很無趣！

小結

長期缺乏運動的人，可以先訂定簡單的運動計畫，運動項目可以有些變化。每天花半小時運動，例如做體操、慢跑都可以；週末可以找朋友一起打球，讓運動更有趣。

我也可以成為一個
喜愛運動的人！

4. 不要將運動視爲苦差事，而是成爲喜愛運動的人

小結
試著從一項比較擅長且有興趣的運動
開始，養成運動的習慣；還可以多和同
樣喜歡運動的朋友們一起運動，享受團
體運動的樂趣。

**和心理博士
聊聊天**

行動的阻力可分成內在障礙和外在障礙。例如排球比賽
中，隊員因為發球失誤而恐懼緊張，結果無法正常發揮應
有的技能，屬於內在障礙；有時困難來自外在環境，例如
足球比賽因惡劣天氣而影響賽事，則屬於外在障礙。長期
運動就是一種不斷克服內在和外在障礙的過程。

從心理學角度來看，身體的僵硬程度與思維有關，良好
的心理狀態能讓身體放鬆。我們可以藉由「意象訓練」來
提升行動力，就是指在腦海中重新演練過去曾經進行的技
術動作，是一種喚起臨場感覺的訓練方法。我們可以回憶
最近一次的運動過程，在腦中詳細分析最佳的運動狀態，
以喚起身體的感受，在實際運動中發揮出更好的表現。

17

● 養成儲蓄的好習慣 ●

　　爸媽每個月都會給我零用錢，但是我常常很快就把整個月的零用錢花光光。我很羨慕其他有儲蓄習慣的同學，感覺他們的口袋裡隨時都有錢，就像是一個小富翁。雖然我決定向這些同學們學習，但實行起來卻很困難。一個月過去了，我發現沒有存到什麼錢，所以只能把希望寄託在下個月：「沒關係，下個月再多存一點就好了。」但又過了一個月，我還是沒有存到錢，雖然很想放棄，但又覺得不甘心，實在不知道問題到底出在哪裡。

可能會產生的心理阻力

從零用錢中扣一些錢來存太難了，還是多要一點零用錢來存好了。

這個月要存的錢花光了也沒關係，下個月再多存一點補回來就好了。

每個月的零用錢都不夠用，想要養成儲蓄習慣很困難吧？

不是我不想存錢，而是有很多情況需要花錢，不能怪我！

心理分析和暗示

1. 其他同學都能存到錢，我也一定可以做得到！

2. 花錢很容易，但存錢就有難度了，所以需要找到有效的方法。

3. 每個月都能存下一點錢，是一件令人感到很快樂、很有安全感的事。

技巧練習及總結

1.錯誤觀念：認為這個月沒存到錢，可以用下個月的錢來填補

下個月還有零用錢，到時再多存一點就好了！

小結

有些人容易把風險推給未來，這是懶惰和缺乏行動力的表現。把這個月該存的錢留到下個月再存，代表下個月要存更多錢，壓力也更大，如果又再度沒存到錢，這樣最終只會讓儲蓄的計畫泡湯。

2.拿到零用錢時就馬上把儲蓄的部分放進「撲滿」裡

把儲蓄當做每個月第一筆需要花費的錢，就這樣試試看！

小結

拿到零用錢時先將當月要儲蓄的部分放進撲滿裡，或是不易拿取的地方，然後將這部分視為已經花掉的錢。不要等到零用錢快用完時才想到要儲蓄，而是應該在拿到零用錢時就馬上存起來。

3.每個月都先做好需要花費的預算

做好預算才能減輕財務壓力，儲蓄也才能變得更輕鬆！

小結

每個月都先做好花費預算，先做大概的規畫，例如扣除儲蓄的部分外，還有其他要買的東西，如文具、飲料、零食等等。如果某項預算提前用完，就必須等到下個月才能有預算使用。

4.由爸媽來扣除儲蓄的部分，並幫忙保管

儲蓄有爸媽幫忙監督，一定會變得更容易！

小結

我們還可以請爸媽給零用錢之前，先扣除要儲存的部分，並請他們保管。這個方法加上了父母的監督與幫忙，實行起來會更順利。

和心理博士聊聊天

　　理財，可以說是一個人了解並善用錢財的能力。無論是對小孩或是大人來說，有正確的理財觀念都非常重要。學習理財除了能知道如何管理財務之外，最重要的還可以讓我們了解「什麼是需要的」和「什麼是想要的」。

　　對我們小學生來說，錢財是有限的，必須先購買需要的東西，再考慮想買的東西。因此，我們要有意識的培養對錢財運用的理性思考能力。需要的東西通常是指生活必需品，例如飲用水、食物、衣服，以及上課學習需要用的物品，這些都是生活中不可或缺的需求。如果能理解「需要」和「想要」的差別，就可以讓我們養成良好的儲蓄習慣，並做出正確的選擇。

18
● 每個月看完一本課外讀物 ●

　　我參加了學校的國語文競賽，可惜沒有拿到好成績，後來才知道，參加比賽的同學們都有豐富的知識，平常都會閱讀各式各樣的書籍，讓我感到自己的不足。回家以後，我也下定決心要閱讀很多書，所以列了一長串書單，並決定每個月都要讀完一本書。但是才剛開始閱讀第一本書，我就覺得進展不是很順利。最初幾天，我每天都努力讀一點，但很快就無法堅持下去了。第一本書還沒看完，我又借來第二本、第三本書，而且很多書都只翻了幾頁就被我丟在一旁了。幾個月過去了，最後我連一本書都沒有讀完。

可能會產生的心理阻力

想看的書很多，但很難投入其中。拿起一本書翻一翻就沒興趣看了。

借了一堆想看的書，但閱讀時很容易喜新厭舊，一本還沒看完就想看下一本。

努力幾天後就堅持不下去了，覺得看書好無聊，玩遊戲還比較有趣。

過了很久連一本書都沒看完，開始懷疑自己是否真的喜歡閱讀了。

心理分析和暗示

1 閱讀是件很好的事，但對我們這個年齡層的小朋友來說，需要好好做一下計畫才能更有效的實行。

2 將「想要閱讀很多書」變成「能夠持續閱讀」。

3 閱讀不能太過著急，愈急往往愈容易感到挫折。

4 把閱讀變成有趣的事，每個月就能輕鬆讀完一本了！

技巧練習及總結

1.找到適合自己的課外讀物

很多書感覺都看不懂,看完好像也沒什麼用,還是要找些適合自己的課外讀物!

小結

找到適合自己的課外讀物很重要,剛開始不必選太難或太厚重的書,而應該從自己想了解的內容開始,例如選擇圖片多或較有趣的書。等認識的字詞變多與知識更豐富了,再去閱讀更難的書。

2.理解閱讀課外書籍的目的,找到動力

閱讀不僅可以增廣見聞,還能帶給我們滿足與快樂的感覺!

小結

找到閱讀的動力很重要,例如想獲得更多知識,想在演講時能表現得更有說服力等等⋯⋯為了達成這些目標,持續閱讀是很值得的!

3.將每本書分成幾個部分,設立階段性的閱讀計畫

是的,每天持續閱讀一點點,一本書很快就可以看完了!

小結

當拿到一本有一百多頁的書時,會覺得頁數好多,要看完有點困難。這時可以將這一百多頁分成幾個部分,例如每天閱讀五頁,這樣一個月內就可以看完整本書囉!

將閱讀看成一種闖關遊戲，要看完一本書，才能再看下一本！

小結
把閱讀看成闖關遊戲，也許會更有趣，也較容易有成就感。所以在看書時可以先拿一本出來就好，其他的書就暫時放到視線以外的地方。

和心理博士聊聊天

　　古希臘時代，人們將阿波羅視為文藝與醫藥之神，代表文藝和醫藥密切相關，文藝就像醫藥，而閱讀文藝書籍就像是服用良藥。根據英國《每日郵報》的報導指出，英國部分醫療機構在為憂鬱症患者開處方藥時，還會額外推薦一些書做為輔助治療。這種用閱讀書籍來舒緩情緒的方式，稱為「閱讀治療」。

　　有些人在面臨困難時，會喜歡閱讀一些箴言和名句，例如「有容乃大，無欲則剛」、「認真學習，努力向上」等等，「箴」就是一小段闡述道理的話語，有令人感到敞開心扉、獲得提點的效果。所以像箴言這樣的話語，可以在治療和預防心理疾病方面發揮功效。

3

進階篇

克服生活中的各種挑戰

❶ 主動交朋友

小涵是個內向的小朋友，在學校的朋友也不多。

每次看到其他同學玩在一起，她就覺得有點失落。

我們下週要校外教學，老師說要3個人一組，但我找不到可以跟誰一組。

回到家，小涵向爸媽訴說了這件煩惱的事情。

怎麼會找不到呢？先問看看你隔壁的同學。

小Q是男生，我平常不會跟他一起玩。

耶！

媽媽，我和芊芊、小美她們同一組了！

你看，我的方法有用吧！如果不好意思直接問，就從請同學幫忙開始。

小涵發現，只要主動積極一點，其實要交到朋友並不難！

如果同學們覺得無法踏出第一步時，可以試試看以下介紹的方法，幫助自己增加行動力！

19
● 讓好好用功不再只是口號 ●

媽媽別擔心，我會好好念書的。

　　我最近沉迷於打電動，所以考試成績一落千丈，這次考試竟然不及格。回家後看到爸媽失望的表情，我也覺得很難過，所以告訴自己：「從今天開始一定要好好用功讀書。」從那時起，每次和爸媽聊到考試成績時，我總是回他們說：「我會好好念書的」。但實際上，我還是沉迷於打電動而無法自拔，「好好念書」變成我的一句口頭禪，我還是沒有真正開始用功讀書。過了很長一段時間，我的考試成績還是沒有什麼進步。

可能會產生的心理阻力

我會好好念書的，只是現在還沒準備好，等準備好後就會全力以赴！

我也知道要好好念書，但不知該從哪裡開始念起，成績退步太多了。

這個月只剩下幾天，下個月我就會全心全意好好認真念書了。

打電動的誘惑力太大，該念書時還是會忍不住想玩，怎麼辦呢？

心理分析和暗示

1 想想現在可以做些什麼，並馬上開始行動吧！

2 大家都在努力念書，不認真點，成績只會愈來愈差。

3 想想看自己念書的問題在哪裡，應該如何克服。

4 把玩遊戲視為一種獎勵，好好念書才有資格玩！

技巧練習及總結

1.錯誤觀念：覺得「好好念書」得做足準備才能開始

想好好念書，但好像找不到合適的時間點開始。

小結

與其另外找其他時間，不如現在就開始好好念書，不斷拖延只會養成懶惰的壞習慣。我們也許需要訂定一個讀書計畫來好好念書，但不需要所謂的做足準備才開始，現在就可以開始行動了。

2.和老師討論看看，請他幫忙協助規畫

老師比較了解我的學習狀況，也許能給我很多很好的建議。

小結

尋求老師的協助，是理性且值得鼓勵的行為。因為老師通常比較了解我們的學習狀況，他們提供的建議與指導，可以讓我們對未來的學習更有信心。

3.為自己訂定一套日常的學習計畫

今天為自己訂定一套學習計畫，從明天開始嚴格執行。

小結

許多缺乏行動力的同學，需要透過訂定明確的讀書計畫來幫助自己。計畫內容除了要盡量清楚，同時也要容易執行。例如，可以明確規範每天要在哪個時段念書、該學習哪些內容等等。

4. 不要自己「單打獨鬥」，而是要勇於請教他人

遇到不懂的地方
可以請教他人，
提問愈多愈容易
進步，對自己也
更有信心！

小結

好好念書並不是只能靠自己，父母、老
師、身邊的同學們都可以是幫助自己的
朋友。遇到困難時很容易讓學習停滯不
前，所以我們要多發問、多請教他人，
才能更順利的持續學習。

5. 在玩樂和學習之間找到平衡點

如果能嚴格執行學習計畫，書念
完就可以打電動了。

小結

要從生活中完全移除玩樂時間是非常困
難的。不如在努力念書後，將打電動等
娛樂做為念書後的休閒活動。

許多同學並不了解學習的意義，總覺得念書好像是為了不讓父母擔心，或者只是為了獲得好成績而已。如果無法理解學習真正的意義，自然會覺得念書很無趣。這裡為大家總結一下，學習有以下幾種意義：

第一是鍛鍊大腦。學習過程中，能夠加強腦神經的連結，對於四肢、眼睛等等器官，也能訓練得更靈活，所以對於某些生理疾病的醫治有許多幫助。

其次是心理治療。學者提出，人在學習時主要會產生三種心理反應：認同，是指閱讀內容與自身經驗有關，而產生共鳴；淨化，是指閱讀中可以釋放內心壓抑的情緒；領悟，則是指將閱讀時獲得的啓發或想法，運用於生活中遇到的困境。

最後是提升價值。學習不僅是為了獲得更多知識，還能為自己增強心理素質與增加自信，讓我們不論在未來的生活或工作上，都能運用自己的知識與能力，為自己、他人或社會貢獻一己之力。

20
● 主動爲爸媽分擔家務 ●

　　媽媽最近真的很忙，除了在公司需要加班，回到家還有很多家事要做。可能是因為休息不夠，最近媽媽的身體狀況也不太好。我看到這種情況，心裡既擔心又心疼，一直在想是不是可以幫媽媽分擔一些家事，讓她可以多休息一下。但問題是，要處理的家事太多了，我不知道可以幫忙做些什麼。打掃、煮飯、洗碗……有這麼多家事需要處理，實在讓我覺得不知所措。我很擔心自己做不好，反而增加麻煩，所以猶豫了很久，最後還是沒有採取行動。

可能會產生的心理阻力

我應該怎麼辦才好？好像自己什麼事都做不了。

如果我家事沒有做好，那不是反而增加媽媽的負擔？這樣不行！

如果要幫忙，就應該把所有家事都扛起來，只幫一點小忙算不上幫忙啦！

心 理 分 析 和 暗 示

1　雖然有些家事我幫不上忙，但一定還是有我能做的。

2　從小事情做起，例如主動收拾垃圾，也是好的開始。

3　問媽媽哪些事可以幫忙，這些事我應該能做到。

4　看到媽媽在做家事時可以主動去幫忙，感覺也不錯！

技巧練習及總結

1.錯誤觀念：認為一定要幫媽媽做耗費心力的家事才對

如果只是幫忙一
點小事，那還不
如不要幫呢！

小結

我們必須承認，有很多家事是自己做不
好的，所以一直想要幫上大忙是不切實
際的。但這並不代表自己不能為媽媽分
擔家事，想要主動幫忙這件事，可能就
已經讓媽媽感到開心了。

2.先管理好自己，讓媽媽少為我們操心

東西不要亂放，把書桌、房間都
整理乾淨，就是在幫媽媽的忙了。

小結

與其想著要怎麼幫媽媽的忙，不如想想
看自己可以做些什麼，才能讓媽媽少為
我們操心。例如我們可以先改變自己東
西亂放的壞習慣，努力把自己的書桌和
房間整理乾淨。

3.主動提出要負責家裡的某一項家事

我可以幫忙家裡
倒垃圾！

小結

我們可以從能做的家事中挑選一項，成
為負責人。例如，可以負責倒垃圾這項
家事，這樣就是為家裡盡一份力。

4. 把想法告訴媽媽，請媽媽來安排

問問看媽媽，自己可以幫忙哪些家事。

小結

可以試著和媽媽分享我們有想要幫忙的想法，請媽媽為我們安排。因為媽媽比較了解我們現在可以做哪些家事，如此一來，我們就會更清楚知道自己可以幫忙做什麼，也能馬上採取行動。

5. 跟著媽媽一起做，當媽媽的小幫手

看到媽媽在忙時，主動上前當個小幫手！

小結

雖然我們不能獨自完成一些家事，但也可以幫忙一起做。例如媽媽在做家事時主動幫媽媽的忙。這樣不僅能跟媽媽學習怎麼做家事，還能為媽媽分擔工作，何樂而不為呢？

和心理博士
聊聊天

　　包括許多家長及同學在內，很多人都不知道做家事對心理健康的意義與影響。根據研究指出，童年時喜歡做家事的孩子，比起不喜歡做家事的孩子，長大後的就業率比較高。所以千萬不要忽視做家事這件事情，因為家事除了是家裡的工作外，還有一項重要的象徵意義──我是家裡的一份子。

　　做家事也要有計畫、有步驟，可以依循以下兩個原則：

1. 計畫性：先把每天、每週或每個月要做的家事分類。例如每天都洗碗；洗衣、掃地、拖地，三天做一次；採買生活必需品，一週買一次；大掃除，每個月做一次等等。按照計畫進行，可以提高做家事的效率。

2. 統籌法：將瑣碎的家事穿插著做。例如煮飯（Ａ）的同時，將換洗衣物丟到洗衣機裡（Ｂ），接下來的時間可以整理房間（Ｃ）。等Ａ完成時，Ｂ已經進行了一半，而Ｃ也同樣在進行。如此一來，會比做完一件家事才去做下一件家事更有效率，能完成更多事情。

21
● 想加入很強的校隊 ●

　　今年國小足球世界盃比賽中，我們學校的足球隊進入了前四強。由於表現非常出色，足球隊成為全校師生們心中的驕傲，也在校園裡掀起了一股足球熱潮。我很喜歡踢足球，也很想加入學校的足球隊。但是我在足球隊裡沒有認識的朋友，也不知道應該做些什麼才好。而且，我的身材有點胖，很怕自己會遭到足球隊員的嫌棄。總而言之，我對自己實在沒什麼信心。還是放棄這個想法吧，我這樣告訴自己，但其實在我內心深處，又很想去試試看。

可能會產生的心理阻力

跟足球隊的人都不熟，不知道該怎麼加入，他們可能也不會接受我。

我身材太胖了，看起來就不適合踢足球，還是打消念頭以免被笑！

被拒絕是件很丟臉的事，我還是不要輕易去嘗試吧！

雖然我自認球技還不錯，但很多有才能的人，也是沒有被看見。

心理分析和暗示

1. 想加入足球隊並不丟臉，先去了解加入的方式吧！

2. 先試試看吧！也許真的能實現夢想。

3. 知道自己不足的地方，可以花時間想辦法來克服，然後再去試試看。

4. 無論成功或失敗，都可以視為提升自我的機會。

技巧練習及總結

1. 先學會鼓勵自己

失敗並不丟臉，
真正的丟臉是不
敢嘗試！

小結

不敢行動主要是因為害怕被拒絕，所以
懂得鼓勵自己很重要。可以試著對自己
說「失敗並不丟臉，真正的丟臉是不敢
嘗試！」然後握緊拳頭，大聲對自己說
「加油」。

2. 告訴自己：有時需要抱著碰碰運氣的心態

就當碰碰運氣
吧！如果運氣
好就可以順利
加入了。

小結

如果覺得自己加入足球隊的機率不大，
又想要讓自己鼓起勇氣去試試看，就可
以抱著碰碰運氣的心態去嘗試一下。想
想看，還是有一半的機會可以成功啊！

3. 請教身邊的同學該如何加入，或者直接請教老師

先了解一下情況，也許沒有想像
中那麼困難。

小結

不知道該如何加入時，也可以先請教老
師或同學。與其自己胡亂猜測，不如先
了解實際的情況，也許真的沒有想像中
困難。

4. 先從改善自己的不足與弱點開始，再去試試看

先運動改善身材吧！至少不會讓別人被我的身材嚇到！

小結
先改善弱點來增加自信，例如透過運動健身，把體格訓練好等等。這樣不僅可提升體適能，也可增加成功的機會。

和心理博士
聊聊天

　　我們可以發現，很多知名運動品牌都會強調行動力，例如Nike的經典廣告詞「Just Do It」，我們可以解讀為「想做就去做」、「努力不懈」等等。

　　如何積極運動呢？首先可以設定明確的目標。很多喜愛運動的人為了保持運動習慣，會將運動過程和目標細分為幾個部分，如果直接設定「我要跑五公里」，許多人可能很難堅持下來，我們可以這樣做，先以跑操場一圈600公尺為目標，如果不累就跑第二圈，這樣就是1.2公里；如果還能繼續就再跑第三圈，加起來是1.8公里……這樣心理壓力就會變小，也更能持之以恆。除了運動外，在處理其他事情時，也可以運用這種拆分成小目標的方式。

22
● 想要成為班上的優等生 ●

　　看到我們班上的優等生很受老師和同學們歡迎，我雖然表面上看起來很平靜，但其實內心非常羨慕。我也希望有一天自己能成為班上的優等生，能常被老師誇獎，並成為同學們學習的榜樣。但是一看到這次的成績單，我的熱情瞬間被冷水澆熄。「算了吧！像我這種成績沒辦法成為優等生的。」我這樣對著自己說。成為優等生，似乎變成了一個遙不可及的夢想，我不確定自己有沒有能力，也不知道該如何行動去實現這個目標。

可能會產生的心理阻力

成為優等生是非常
困難的一件事,我
還是想想就好了。

我也想努力,但找
不到方法,不知道
該怎麼做才能成為
優等生。

成績比我好又比我
認真的同學很多,
不可能輪到我的!

這種想法還是不要
被其他人知道,不
然別人可能會覺得
我異想天開!

心理分析和暗示

1 了解自己和別人之間存在差距,就應該加倍努力!

2 不論能否成為優等生,我們都應該要持續努力才對!

3 雖然努力不一定能成為優等生,但不努力付出是絕對
無法成為優等生的。

4 想成為優等生當然不容易,會遇到困難是很正常的。

技 巧 練 習 及 總 結

1. 錯誤觀念：認為自己沒有能力

> 我也能成為優等生？這只是開玩笑吧！

小結

在我們這個年紀的孩子身上，可能產生容易驕傲的心理，相對的，貶低自己也是常見的問題。對自己沒有自信，認為自己沒有能力，這是孩子行動力不足的重要原因之一。

2. 要比別人更努力，就代表需要花費更多時間

> 要付出更多的時間來努力，才能趕上其他人。

小結

如果成績落後太多，想要成為優等生，唯一的方法就是比別人花費更多時間來努力。所以我們念書要持之以恆，不能念到一半就放棄。

3. 多和優等生一起學習，一同玩樂

> 可以多和優秀的同學相處，增加向他們學習的機會！

小結

俗話說「近朱者赤、近墨者黑」。想成為優等生，可以多和優秀的同學相處，一起學習、一同玩樂，這樣就可以借鑒他們的學習經驗和方法，彼此一起進步和成長。

　　這裡和大家分享一個小故事：心理學家安排了三組人員，請他們分別朝10公里以外的三個村莊前進。

　　第一組人員不知道村莊的名稱及路程的長度，只知道要跟著領隊走；結果才走了兩、三公里，就有人覺得疲累，而且隨著時間愈來愈久，大家的情緒也愈來愈低落。第二組人員知道村莊的名稱和路程的長度，但一路上都沒有里程告示牌，只能憑感覺來估算經過的時間和距離；結果走到路程四分之三的地方時，大家都覺得疲憊不堪。第三組人員知道村莊的名稱和路程的長度，而且路上每隔一公里都有一塊里程告示牌；大家邊走邊看著告示牌，每減少一公里，都伴隨著一點快樂的感覺，結果很快就抵達了村莊。

　　心理學家根據以上實驗得出這樣的結論：當我們有明確的目標，並了解自己的行進速度與目的地之間的距離時，就會主動的去克服一切困難，努力達成目標。同樣的道理，如果我們對讀書學習有遠大的目標，要記得設定每個階段的小目標，這樣才不容易失去耐心，而能持之以恆，實現自己最終的目標。

23
● 成爲助人爲樂的人 ●

　　老師經常說，大家要樂於幫助別人，彼此之間要相互協助。我每次聽老師說完，都覺得非常認同，但是我不知道自己能做些什麼來幫助他人。在生活中，我總覺得自己沒有什麼機會去幫助他人。在學校裡，看見同學需要幫忙時，我又猶豫而不敢上前，擔心自己多管閒事：「別人沒有請我幫忙，我主動插手不太好吧？」就這樣過了很長一段時間，我想幫助他人的願望一直沒有實現。

可能會產生的心理阻力

我也不確定其他人需不需要我的幫助，怕自己只是多管閒事。

雖然我想幫忙，但我能力應該還不夠吧！等長大後再去幫助別人吧。

如果在路上遇到年長者需要過馬路，我就可以幫忙了！

我好像總是沒有遇到需要幫助的人！

心理分析和暗示

① 不要誤以為「幫忙」就是要做出非常了不起的大事。

② 想幫助他人時不用考慮太多，可以立即採取行動！

③ 能幫助別人，自己也會感到很快樂！

④ 幫忙是做自己能力所及的事，懂得互相幫助也是生活的一部分！

技巧練習及總結

1.錯誤觀念：思想因自我設限而使動作受阻

也許他不需要我去幫忙他吧？

小結

幫助別人並不難，但我們常會因為想太多而不敢行動，例如「他不需要別人幫助」、「幫助他會不會被懷疑另有目的」等等。這些想法會阻礙自己幫助別人的行動。

2.不是只有「扶老太太過馬路」才是幫助人

在馬路邊等了很久，也沒遇到需要過馬路的年長者。

小結

有些人可能受到「扶老太太過馬路」等口號影響，認為這樣才能展現高尚的品德，才叫做幫助別人。但現實生活中不一定有這樣的機會，結果反而使人沒有展開任何行動。

3.注意身邊的大小事

不論是小事或大事，同伴間相互幫忙是很正常的。

小結

幫助別人不一定要做出了不起的大事，生活上的小事，同伴之間就可以互相幫助，很多時候，幫助他人都是很容易做到的小事。

上次她幫過我，所以
我要向她學習。

小結
如果不知道該如何採取行動幫助別人，
可以回想一下曾經幫助過自己的人，然
後向這些人學習，用同樣的方式去幫助
別人。

 和心理博士
聊聊天

我們常說「助人為樂」是有道理的，因為心理學上已經
充分證實，助人對身心有益。

但很多同學對於助人有些認知錯誤：例如認為助人就該
像是扶年長者過馬路這種顯眼的行為。其實助人為樂是從
身邊的家人開始的。如同孟子所說的：「老吾老以及人之
老，幼吾幼以及人之幼。」意思是先尊重家裡的長者，再
推廣到其他長者身上；先愛護家裡的孩童，再推廣到其他
孩童身上。我們可以先從幫助家人開始，例如幫爸媽做家
事，輔導弟妹課業等等。另外，助人為樂並非只是提供物
質上的幫助，例如同學心情不好時，我們花點時間陪伴他，
聽他傾訴，可能比花錢買甜點請他吃更有意義。

24
● 學會主動交朋友 ●

　　我因為個性比較內向，所以在學校裡的好朋友也不多。平常上下學我幾乎都是一個人，看到其他同學都結伴一起走，我心裡總感到有點失落。回家後我把這種失落感告訴媽媽，媽媽跟我說：「那你應該主動點去交朋友啊！」媽媽的話確實一針見血，可是說起來很容易，我卻難以付諸行動。我也想主動去結交好朋友，但卻一直沒有人告訴我應該怎麼做。

可 能 會 產 生 的 心 理 阻 力

我不擅長主動去
交朋友，個性太
內向了，實在很
難做到！

我也想試著主動去
交朋友，但是沒有
人告訴我該怎麼做
比較好。

我害怕被拒絕，也
很害怕別人會不喜
歡我！

也許我真的比較被
動，需要別人主動
來跟我交朋友吧！

心 理 分 析 和 暗 示

1 我是很友善的人，一定可以交到朋友的！

2 只要願意主動一點，每個人都能交到許多朋友啊！

3 多積極參與同學間的團體活動，也許就會發覺，交朋友沒有想像中困難。

技巧練習及總結

1.克服心理障礙：害怕被別人拒絕

我覺得沒人喜歡我，沒人願意和我做好朋友！

小結

總覺得別人可能不喜歡自己，這種消極的想法往往成為交朋友最大的障礙。但是消極的想法愈多就愈不敢行動，事實上，可能根本不是這回事，是自己先入為主想太多。

2.不需要直接說出「我想和你交朋友」這樣的話

我如果說不出「我想和你交朋友」這句話，就沒辦法交朋友了嗎？

小結

交朋友的方式有很多種，有時候不一定要直接說「我想和你交朋友」這樣的話。這樣的表達可能過於直接與正式，對大部分的人來說可能不太容易而且不太自然。

3.找一個自己喜歡的人，試著從向他借東西或請求協助開始

不好意思，可以幫我一個忙嗎？

小結

和其他人交朋友，是一個漸進且自然的過程，我們可以試著從向別人借東西或是請求協助開始，逐漸增加與對方接觸和相互了解的機會。

4.試著改變自己，多參與團體活動

我以前太害羞了，所以交不到朋友，但從現在起我要勇敢一點，多和同學們一起玩！

小結

交朋友最好的方式就是改變自己，多和其他同學一起玩。可以加入社團或參加活動，增加與同學們的互動機會，更容易結交到新朋友。

和心理博士聊聊天

很多同學覺得內向是一種缺點，希望能變成外向的人，但內向並不是缺點，只是我們被錯誤的觀念影響了行為。

這裡分享一個內心觀念影響了行為表現的故事，有一個小女孩，從小個性就非常自卑，在她18歲那年的耶誕節，媽媽給她20美元，讓她去鎮上買一件自己喜歡的聖誕禮品。由於自卑心作祟，她很害羞的低著頭走進一家商店，店員幫她挑選一件花朵髮飾配戴上。當女孩從鏡中看到頭戴花朵如天使般的自己時，感到非常驚訝，原來一朵花能改變自己看起來的樣子，她因而增加了自信。女孩飄飄然的離開了商店，一路上都非常開心，不再是自卑、不敢抬

頭的神態。其實,她不知道,在她出商店門口的時候,她的髮飾就被一位行人撞掉了。沒有戴髮飾的她,依然能夠展現自信的樣子。

這個小故事說明,有時我們會被自己的想法限制行動。正如孔子所說:「仁者不憂,智者不惑,勇者不懼」,意思是只要內心夠強大,就能解決生活中遇到的許多困難。

25
● 成為有專長的人 ●

　　從小我就聽爸爸說，我們要有一技之長，這樣可以終身受用。雖然我記得爸爸對我的教導，但直到現在我都沒有什麼專長。身邊有同學會彈奏鋼琴，還有同學參加游泳比賽拿到第一名。我也想成為有專長的人，於是報名了各式各樣的才藝班。但是到最後，我不是突然失去了興趣，就是覺得自己無法學好，報名的才藝班幾乎都不了了之，結果還是沒辦法成為一個有專長的人。

可 能 會 產 生 的 心 理 阻 力

不知道為什麼,感覺對任何事情都沒有興趣。

對我來說,能學會一件事情就已經不錯了,想變成專長實在不太可能!

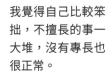

我覺得自己比較笨拙,不擅長的事一大堆,沒有專長也很正常。

唉,不論學什麼,到最後都只能半途而廢,不需要再安慰我了!

心 理 分 析 和 暗 示

1 爸爸說的沒錯,有專長確實有很多好處,終身受用!

2 別人也不是輕鬆獲得專長,都是靠努力學習得到的。

3 沒有人天生就是高手,想具備專長就要努力加油。

4 喜歡的事通常都能學好,學不好可能是不夠認真。

技巧練習及總結

1.想想看自己喜歡什麼，將來想成爲什麼樣的人

我想要成為一名游泳選手。

小結

爸媽總是希望我們學習各種事物，有些人或許只是硬著頭皮去學。但是，我們可以認真想想看自己真正的興趣是什麼，真正想學的是什麼，並且和爸媽討論看看，讓興趣成為我們的專長。

2.試著從某件事中獲得成就感

我比較擅長說故事，大家都很喜歡聽我說，這件事讓我覺得很有成就感。

小結

發揮專長很容易讓我們產生成就感，如果能從某件事中得到滿足，就會讓我們更喜歡進行關於這件事的活動。當我們做某件事情時經常獲得成就感，這件事可能就是我們的專長。

3.在一件事情上專注努力

時間有限，還是把精力放在一件事情上吧！

小結

如果發現自己同時對繪畫、唱歌和跳舞都有興趣，該怎麼辦呢？如果時間和精力有限，就得取捨，挑選出自己最喜歡的，然後專心學習。持之以恆後，這件事情可能就會成為我們的專長。

和媽媽一起做事覺得很開心，效率也變高了。

小結

和爸媽一起學習某項技能，有助於我們的進步與成長。若能在家庭當中營造出學習的氛圍，這項技能就很有可能培養成我們的專長。

和心理博士聊聊天

　　唯有我們充分善用自己的專長與優勢，才能克服弱點並獲得成功。我們可以在紙上畫出「優點樹」：從過去的經驗中，或是日常的探索，想一想自己的優點，然後畫在樹上。看到這棵樹，就可以快速的了解自己的優勢，進而對自己充滿希望。此外，我們還能回想以往自己經歷過並感到驕傲的事，從中找出展現自我優勢的情境。如此一來，就能帶給自己積極的想法與肯定，並提升對自我的認同感，激發正向的能量。

　　有句話說：「選擇比努力更重要」。透過前面的練習，我們就像看到自己的「說明書」，可以選擇出最適合自己努力發展的方向。

26
● 能爲遠大的夢想而努力 ●

　　我身邊的同學們大多都有自己的夢想，有人的夢想是當作家，有人的夢想是當太空人，也有人的夢想是當動物學家。有一次我在電視上看到跆拳道比賽，馬上就被深深吸引，所以我的夢想就是成為一名跆拳道選手，代表國家去參加奧運比賽。但是，我不敢把這個夢想告訴其他人，很怕會被取笑，因為我連跆拳道都沒學過。我對自己的夢想完全沒有自信，只能自己安慰自己：「夢想就只是夢想而已，還是先好好念書再說吧！」我不知道現在的自己，能為夢想做些什麼。

可 能 會 產 生 的 心 理 阻 力

夢想太遙遠了，我年紀太小，要為夢想努力奮鬥，感覺只是白費工夫。

沒學過跆拳道就想成為選手參加奧運比賽，大家一定會取笑我的！

夢想只能放在心裡，現在的我好像什麼事情都做不到。

我現在連考試成績都不好，也沒資格和別人談論自己的夢想。

心 理 分 析 和 暗 示

1　只要朝著目標勇往直前，努力是有價值的。

2　我們的優勢就是年紀還小，還有很多的時間可以去追求夢想。現在正是開始行動的好時機！

3　趁現在趕快去報名跆拳道課程，開始努力學習吧！

4　為夢想多努力一點，夢想就會離我們更近一點。

技巧練習及總結

1.錯誤觀念：認為自己還小，無法為夢想做些什麼

我年紀還太小，夢想離我太遙遠了，現在不論做什麼都沒有用！

小結

不論年紀大小，每個人都有實現夢想的可能。有許多人，正是從小開始就有努力的方向，並願意持續付出，最後實現了自己的夢想。

2.追求夢想也能維持課業學習

花費時間和精力追求夢想，可能會無法好好念書！

小結

念書也是一種實現夢想的基礎。例如有人的夢想是成為動物學家，在學校認真學習知識，課餘還可以多看一些與動物有關的書籍或節目影片，使夢想和課業相輔相成。

3.試著把自己的夢想告訴爸媽，請他們提供建議

向爸媽說明我的夢想，也許他們就可以給我一些很好的建議或幫助呢！

小結

勇敢、認真的告訴爸媽自己的夢想，讓爸媽了解我們的興趣和志向，爸媽就能給予我們指導和幫助。這樣一來，我們就有機會離夢想愈來愈近。

覺得跆拳道很厲害！我也想成為跆拳道選手，鼓起勇氣來學習看看吧！

小結

想要實現夢想，就應該相信自己，並努力去行動與嘗試。讓夢想成為動力，往往可以學得更快更好，也許就能逐步實現自己的夢想！

和心理博士聊聊天

　　哈佛大學曾調查一群智商、學經歷、生活環境等條件都相似的大學畢業生。結果顯示：27%的人沒有目標，60%的人目標模糊，10%的人有明確短期的目標，只有3%的人有明確長遠的目標。25年後，那3%有明確長遠目標的人，為了實現目標努力不懈，幾乎都成為頂尖的成功人士；而其他沒有目標和規畫的人，幾乎生活狀況都不太好。由這項調查我們可以發現：目標對人生具有引導的作用。

　　我們這個年紀的小朋友，雖然未來的道路還是充滿了未知，但此時正是我們該去探索與設立目標的時候。未來的生活是否美好而充實，取決於我們現在的規畫和抉擇。

4

總結篇

提升行動力的方法

❶ 合適的目標更能提升行動力

一回到家，芊芊就向爸媽吐起苦水來。

每次考完試老師都會表揚考得好的同學，但是我都沒機會。

老師這次表揚了什麼呢？

小Q的數學考了最高分。但我的分數卻是不及格，想想也知道不可能輪到我。

那你也努力念書讓成績進步啊！

努力、努力，到底怎麼做才叫努力呢？

我們先設定一個目標，再朝著目標努力前進吧！

爸爸的話讓芋芋受到啟發。

既然都要設定目標了，那目標當然愈高愈好。下次數學考試要考進前三名！

芋芋開始朝向「前三名」的目標努力念書。

認真聽課

隨時都在念書

那很好，跟上次比這次考試進步了啊！下次我們就把目標設定在 70 分吧！

爸爸說的好像也有道理。

芊芊又開始朝著新的目標努力了！

老師，請問……

她積極的請教老師不懂的問題，並認真完成每天的功課。

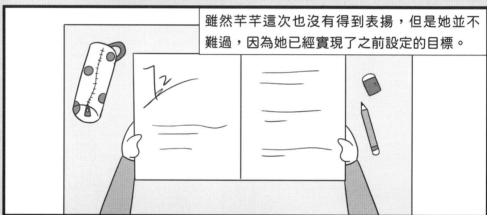

🄫 獲得好成績，需要靠自己

這一天，小美因為英語沒有考好而悶悶不樂。

唉，可能又要被媽媽唸了。

沮喪……

回到家，小美和媽媽說起英語考試的事情。

小美覺得媽媽根本不講道理，她感到很不滿。

有個當英語老師的媽媽就是很棒，小涵學英語一定比我還方便。

第二天，小美遇到小涵後，她決定證明自己的想法。

小涵分享了她的學習方式，她會在課前預習。

也會在課後複習。

提升行動力的方法有很多種。想想看,除了以同伴爲榜樣,
還有哪些方法呢?讓我們一起往下看吧!

27
● 凡事先試試看再說 ●

　　我參加了一個夏令營，營中的同伴們都有自己的專長，有的人擅長畫漫畫，也有人擅長演奏樂器。我很羨慕其他人有獨特的能力，但自己好像都沒有，所以我把這個煩惱告訴了媽媽。媽媽說：「你也可以的。」但我對自己沒有信心，這些事情都太難了，我沒有辦法。媽媽看到我只會整天做白日夢，所以藉機跟我說：「你想成為漫畫家的話，明天就幫你報名去學漫畫。之前你想要成為音樂家，也幫你報名去學鋼琴，結果你又不努力學。凡事先去試試看再說，只會羨慕別人是沒有幫助的。」

可能會產生的心理阻力

總覺得這是一件困難的事，要好好想清楚才能行動。

短時間內也難以達成目標，等有機會再行動吧！

每次想法都很好，但是一想到會遇到困難就退縮了。

這件事情太困難了，我沒有把握可以做到，還是不要浪費時間去嘗試了。

放棄

心理分析和暗示

1 不開始行動，想法再好也沒有用。

2 時光飛逝，不能每天都一直做白日夢而不去行動！

3 開始行動後，就會發現事情沒有想像中那麼困難。

4 沒有什麼事情是完全有把握做到的，往往都是先行動後，才覺得愈來愈有信心。

技巧練習及總結

1.錯誤觀念：還沒有澈底想清楚就不能踏出第一步

不知道自己適不適合畫漫畫，還是先不要報名課程好了。

小結

有很多事情，思考之餘還需要勇於嘗試，行動比思考更重要。不試著學習畫漫畫，又怎麼能確定自己適不適合，或是有沒有成為漫畫家的可能呢？

2.行動是成功的關鍵

想要成功，就要先踏出行動的第一步！

小結

想成為音樂家，但是報名學樂器後卻又沒有認真學，這樣永遠無法達成目標。只有付諸行動，才能向成功邁進，要相信，一旦開始行動，就已經跨出成功的第一步了。

3.實行之後會獲得經驗

做看看吧！先前的想法未必是對的。

小結

遇到事情先動手做看看，做了之後才能知道哪裡可以改進，並思考下一步該怎麼走。有句話說「行動勝於一切」，就是強調行動的重要性。

4.學會付諸行動，別只是空想

唉……愈來愈討厭自己了，老是做白日夢，最後一事無成！

小結

別只是空想，與其羨慕別人，不如行動起來，邊行動邊調整想法；要相信自己也能成為夢想中的樣子。

和心理博士聊聊天

　　很多同學常常在還沒行動前就先放棄了。多數人的想法是：相較於半途而廢，寧可選擇不要開始。

　　美國心理學家米哈里教授提出，人在做自己喜歡的事情時，容易完全投入並樂在其中，而沒有注意到時間過了多久。這種「時間像流水一樣不知不覺流過自己生命」的狀態，被稱為「flow」（翻譯為「心流」）。最容易達到心流狀態的活動包括運動、音樂、寫作或繪畫等等。看故事書時廢寢忘食的狀態；喜愛籃球的同學享受打球的時光，都是達到心流。如果同學們學習時也能達到心流狀態，就會覺得學習是愉快的事，回過神來才發現時間不知不覺過去了。

28
● 爲每件事設定適合的目標 ●

　　我上學期的成績很不理想，在放假期間，爸爸告訴我，不論在生活還是學業上，都應該要有明確的目標。於是我從這學期開始，為自己設定了要考進全班前三名的目標。但是第一次考試就讓我感到很灰心，因為不僅沒達到前三名，連分數都不及格。我非常沮喪，所以向爸爸訴苦，爸爸跟我說：「孩子，你設定目標這件事是對的，但應該要設定一個符合實際情況的目標。現在要進入前三名太困難了，我們先設定一個較小的目標再說，例如先要求考試可以達到及格分數。」

可能會產生的心理阻力

感覺還是不要設定
目標比較好，擔心
到最後無法實現。

有了目標就會帶來
壓力，我不想為自
己增加壓力。

應該要設定遠大一
點的目標，才叫做
真正的目標。

好羨慕那些能達成
目標的人，為什麼
我總是無法實現自
己的目標呢？

心理分析和暗示

1　有明確的目標才有努力的方向，行動時才更有動力。

2　設下目標能激勵自己，但目標不切實際只會讓人灰心。

3　再好的目標，也要透過實際努力的行動才能實現！

4　如果想要實現遠大的目標，就先從達成較小的目標開
　始吧！

技巧練習及總結

1. 一開始目標不要設定太高，以免增加困難

這個目標實在是太難實現了，讓我只想要逃避。

小結

為自己設定目標是值得肯定的，但是大家往往會把目標定得太高，實行起來過於困難，有時還會讓自己感到害怕而不敢行動。所以我們應該設定適合自己的目標，而不是過於遠大的目標。

2. 透過逐步實現較小的目標，最終實現遠大的目標

目前要考上第一名是不切實際的，先以考進前十名為目標吧！

小結

要實現遠大的目標，往往是透過實現很多較小的目標來達成的。先設定小目標的好處，在於可以為我們帶來較多滿足感和成就感，而能快樂的朝向最終目標邁進。

3. 試著向身邊的人分享自己的目標

把自己的目標告訴身邊的人，這樣他們就可以幫助我、鼓勵我並督促我！

小結

告訴身邊的人自己的目標，藉由他人的支持與幫忙，讓我們行動起來更容易。或者結合自己與朋友的目標，和朋友一起行動與進步。

我要成為班上同學的榜樣！

小結

設定目標需要明確，行動時才不會缺乏努力的方向而失去動力。例如「成為同學的榜樣」就不夠明確，在哪方面成為榜樣呢？就算獲得第一名，同學也未必會以我們為榜樣啊！

和心理博士聊聊天

　　很多同學都有玩過電腦或手機遊戲，而遊戲通常採用先易後難，新的一關比上一關難一些些的方式設計，才能確保玩家既不會剛開始就有挫敗感，也不會覺得太過簡單無聊。同理，我們設定的目標，也可以進行「難度分級」。「先背最簡單的15個英語單字」、「比上次排名再往前提高三個排名」……像這樣逐步增加難度、累積信心，學習才容易有成就感，而不至於灰心退卻。此外，我們還可以在完成一部分目標後，評估看看再完成多少就可以達到目標，除了看見努力的成果，還能增加信心。

　　有了明確的目標與動機，加上合理的難度，以及隨時評估與目標間的距離，這些因素與做法，奠定了我們主動學習的基礎。

29
● 想想自己現在能做什麼 ●

　　在一次班級討論活動中，我向全班同學發表自己的夢想就是未來要環遊世界，體驗世界各地的風土民情，同學們紛紛為我的夢想鼓掌。但是沒過多久，最新的英語成績出來了，我因為分數再次不及格而感到灰心。當我心想還是放棄學英語時，英語老師和我說：「聽說你想環遊世界？」我點了點頭。老師又問：「那你現在有做哪些準備了嗎？」我回老師說：「我現在還不會賺錢，等以後能賺錢時就可以存錢買機票了。」結果老師對我說：「你現在也可以開始做一些準備，例如好好學英語，這樣出國時才容易向外國人溝通啊！」

可能會產生的心理阻力

雖然現在也能開始學英語，但是英語實在很難學好。

時間還早，不需要太急，就算英語學不好也沒關係吧？

先別考慮太多，等以後能賺到錢再做打算吧！

即使現在開始認真把英語學好，也不可能馬上就去環遊世界啊！

心理分析和暗示

1 把握現在，立志學好英語！

2 現在不開始學好英語，就不知道何時才能學好了！

3 每天學一點英語，目標就會慢慢實現！學好英語再出國，在國外才能輕鬆與人交談。

4 先把可以開始準備的事情準備好，未來就會更輕鬆。

技巧練習及總結

1. 能理解現在對未來的重要性

未來的夢想能不能實現，取決於我們現在所做的努力！

小結

有些同學可能希望自己快點長大，認為長大後就能做很多想做的事。但這些同學可能忽略了現在的重要性，未來能否實現夢想，其實與我們現在所做的事有很大的關係。

2. 珍惜現在，把握每一個機會去實現夢想

我們要把目前能做的事情做好！

小結

不要只是沉溺於過去或擔心未來，而是專注於現在能夠做的事情，並透過行動來實現目標、解決困難。

3. 寫下現在可以做的事，要簡單明瞭，不要太多

想想看並寫下自己現在能做些什麼，然後開始行動起來。

小結

鼓勵自己去行動的方法之一，就是把能做的事情簡短的寫在紙上，然後挑選其中最重要的事情去做。不要寫下太多事情，這樣很容易因為無法完成每件事而想要放棄。

4.抱持著「做一件事少一件事」的心態

如果現在有機會學好英語,為什麼不現在學呢?以後就不用再花一堆時間學習了。

小結
當然未來再學習英語也可以,但如果趁現在把英語學好,以後就不用再花很多時間去學習,也就可以更專心去實現環遊世界的夢想了。

和心理博士聊聊天

　　美國的約翰·戈達德,在15歲時為自己的所有計畫列出一張「生命清單」。他在59歲時已是著名的探險家,且實現了清單上127個目標中的106個。他說:「我年輕時列出的生命清單,是我當時的興趣。雖然有些事永遠無法達成,例如登上聖母峰和造訪月球。但設定目標有時就像這樣,有些事可能超出能力範圍,但不代表必須放棄整個夢想。」

　　我們也可以列出自己的「夢想清單」:將事項依重要程度排序,把精力放在最重要且最需要完成的事情上,再去完成其他目標。此外可以依據目標,列出需要提升的相關能力,並在提升後給自己一些獎勵,這樣會更有動力去實現,並從努力實踐的過程中,享受達成目標的幸福感。

30
● 從每一件小事開始做起 ●

　　我有很多偉大的夢想，其中之一就是想要成為一個有名的大作家。為了實現這個夢想，我想我應該要閱讀很多書籍，撰寫大量文章。但是我後來發現，自己有很多書都看不懂，因為認識的字還不夠多；想撰寫文章，也發現自己會用的詞彙不夠豐富。我向爸爸傾訴這些苦惱，爸爸笑著對我說：「有夢想是很好的事，但世界上沒有一下子就能達成的夢想。你可以從一些簡單的小事開始做起，例如多學一些字詞。」我心裡想著，學習字詞太簡單了，花點時間很快就學完了，但是學完字詞後，好像也無法馬上成為作家啊？

可 能 會 產 生 的 心 理 阻 力

學習字詞只是件小事情，我想要實現的是更大的夢想。

小事情很容易處理的，有需要時再一起處理就好。

我想一次行動就實踐夢想，不想處理太多繁瑣的事情。

要學習的字詞太多了，一想到就覺得很困擾，也不想去行動！

心 理 分 析 和 暗 示

① 如果小事情都沒做好，大事情就更難達成了！

② 認真做好每件事才能實現夢想，例如學習很多字詞。

③ 覺得夢想太遙遠，不知該如何開始行動時，可以先從最簡單的小事情做起，慢慢適應。

④ 把小事做好已經很棒了，例如學習許多字詞的含義。

技 巧 練 習 及 總 結

雖然不知道現在可以做些什麼，但我相信我的夢想一定會實現的！

小結

很多人都有偉大的夢想，但有些人不了解，實現夢想需要付諸行動，並從小事情開始做起。什麼事都沒做，就只是靜靜等待，夢想是不可能實現的。

2. 錯誤觀念：忽略小事情的重要性

那些只是微不足道的小事，我是有抱負、有理想的人。

小結

有句成語叫做「眼高手低」，是指一個人雖然有遠大的理想，但朝著目標前進的動力卻很低。所以即使擁有偉大的理想，也要認真做好每一件事，不能因為覺得事情太小或瑣碎而忽略不去做。

3. 學會將一件較大的事分解成許多小事來完成

每件大事都是由許多小事所組成的！

小結

覺得目標太遠而無從下手時，可以把整件事情分解成許多小事。並從最簡單、最急迫的小事開始逐步解決。這樣能不斷為自己帶來成就感，還能一步步朝著目標邁進。

比起只會空想做白日夢，我更想成為願意行動的人。

小結

要成為一個行動派的人其實並不難，就是要能完成每一件簡單的事，把小事情做好。透過不斷累積，最後實現偉大的理想。

和心理博士聊聊天

行動力和大腦中一個稱為「前額葉」的區域息息相關。前額葉是指位在額頭位置的大腦皮層。這塊區域主要負責我們的記憶、判斷、分析和操作的能力，如果它受到損傷或發育不全，人們會表現出做事缺乏計畫、不能好好解決遇到的困難等問題。

史丹佛大學的神經生物學家羅伯特・薩波斯基認為，前額葉的主要作用是促使我們挑選「更難的事」來做。例如我們坐在沙發上時，它就會催促我們站起來動一動；想把事情拖到明天再做，它就會激勵我們現在就去做。雖然我們的行動力不可能突然變好，但可以逐步訓練前額葉。一旦養成自我控制的習慣，我們的意志力就會更有力量，行動力也會跟著提升。

31
● 做好時間管理非常重要 ●

　　這學期一開始，體育老師就告訴大家，學期中要進行跳繩測驗，希望大家平常有空就多練習。為了應付測驗，我打算平常在家練習。但每次要練習跳繩時，我總會想：改天再開始練好了，距離測驗還很早。結果一轉眼，距離跳繩測驗只剩下兩天了，我趕緊在家瘋狂練習，但是因為一下子跳太久，腿部出現肌肉痠痛的「鐵腿」情況。到了測驗當天，我變成全班跳得最差的人，覺得既沮喪又後悔。

可能會產生的心理阻力

剛開始總覺得時間
還很多，但是一轉
眼時間就不夠用了。

不用著急，時間
還很多，明天再
開始練習也可以。

不知道為什麼，
時間好像總是不
夠用。

別擔心！等到快要
測驗時，加緊多練
習就可以了。

心 理 分 析 和 暗 示

① 總覺得時間不夠用，可能是因為沒有好好善用時間。

② 做好時間管理與規畫，事情就會變得輕鬆許多。

③ 每天都有該做的事，今天該做的事不能留到明天。

④ 只要每天都能進步一點，累積起來就是很大的進步。

技巧練習及總結

1. 試著以「一天」為單位訂定行動計畫

每天進行一點，這樣每天都可以看見一些變化。

小結

試著以「一天」為單位訂定計畫，例如跳繩，可以安排每天跳多久時間，或每分鐘跳幾下等等，練習的時間或強度也可以慢慢的增加，這樣到最後才會愈來愈輕鬆。最後兩天才努力練習，測驗時反而無法好好表現。

2. 試著把截止期限往前提一點

給自己一點壓力，把設定的截止期限往前提一點吧！

小結

可以給自己一點時間上的壓力，例如設定一個比實際截止期限還要早的完成日期，並按照自己設定的期限來行動，這樣可以避免到了最後時刻，才顯得手忙腳亂。

3. 學會將事情依照「輕重緩急」來排序

這件事比較重要，而且得趕快處理，應該要先做，把它排到前面吧！

小結

合理的時間安排，包含將事情依照「輕重緩急」來處理，也就是先處理最緊急、最重要的事，而較不急迫的事可以稍後再處理。

談到時間，我們經常提到時間管理。這裡向大家分享一種特別的方法：番茄鐘工作法。

「番茄鐘工作法」的概念就是將25分鐘當做一個「番茄鐘」（可用計時器或手機來計時）。進入「番茄鐘時間」前，先寫下這段時間裡要完成的事，一旦開始計時，就只能專心做計畫內的事，如果中斷就必須重新開始。每完成一個番茄鐘，就休息五分鐘；完成四個番茄鐘，則休息15～30分鐘。這個方法可以讓我們在有限時間內，高度集中注意力，提高做事情的效率，多出來的時間還能去處理其他事情。

很多人都使用過這個方法，但多數人認為這個方法只是將冗長的工作時間，拆分成較短時間的小工具。然而這個工作法的本質，是要列出當天應完成的事情後，預估整體的工作時間，然後從第一件事開始依計畫定時完成。進行時必須遵守工作法的原則與時間，避免被其他事物干擾而分心；最後要回顧做事情的效率，以及可以改進的地方。如果只是設置25分鐘的鬧鐘，而沒有遵守原則，後續也沒有回顧檢討，那做事效率也不會獲得真正的提升。

32
● 學會專心做事，不受干擾 ●

　　每天吃完晚餐後就是我做功課的時間，如果爸媽不在我旁邊，我就會開始拖拖拉拉，想玩這個想玩那個，最後功課都會拖到很晚才寫完。媽媽擔心我一直這樣下去會睡眠不足，所以跟我說：「你要快點寫完功課，不要總是拖到這麼晚才寫完。」我回答說：「我沒有故意拖延，只是動作比較慢，我也沒辦法啊！」媽媽又對我說：「你不要一直分心，先專心把功課寫完再做其他事。」我有把媽媽的話聽進去，但我不知道該怎麼做，才能好好專心。

可能會產生的心理阻力

總覺得學習環境很吵雜，無法靜下心來寫功課。

一想到好玩的遊戲，我就想先玩一局，無法專注在寫功課上。

不知道為什麼，我就是很難讓自己集中注意力。

環境中一堆干擾，所以無法專心、功課寫得慢也不能都怪我。

心理分析和暗示

1 功課寫太慢，往往是被其他事物吸引而分心。

2 想想看，有什麼方法可以讓自己更專心呢？

3 想玩遊戲的話，先把功課寫完就可以盡情玩了！

4 要學會不受干擾影響，功課才可以寫得更快！

技巧練習及總結

1. 重視環境造成的影響

為什麼我會注意力不集中呢？

小結

我們這個年紀的小朋友，很容易因身旁有趣的事物而分心，注意力被帶走後，要再集中就很困難。所以，想要改善拖延的情況，就應該特別注意，環境中有哪些因素使人分心。

2. 有意識的「淨化環境」

排除干擾，為自己設置一個專屬的學習環境！

小結

寫功課時要盡量移除周圍的零食、玩具，也要避免電視或手機的干擾。例如，可以為自己設置一個專屬的學習環境，在這裡沒有電視可以看，沒有手機可以玩，當然也沒有玩具和零食。

3. 把想做的事排在要完成的事情後面

好想看卡通，也好想要玩手機遊戲，該怎麼辦？

小結

功課還沒寫完就想做其他事情時，這時內心要克制，把想做的事情排在寫完功課之後做。並試著告訴自己：只要寫完功課，就可以玩遊戲、看卡通了。

念書寫功課的時候，希望爸媽可以陪伴我。

小結

有些小朋友自制力不夠，爸媽不在身邊時讀書效率就會變差。此時可以主動向爸媽表示自己需要他們陪伴，讓讀書時專注力更好。

和心理博士聊聊天

多數人都有過這樣的經歷：原本想用手機查資料，卻因為順便回覆未讀訊息，而開始瀏覽起社群媒體。我們生活在充滿「雜訊」的環境中，如果無法移除所有干擾，就試著調整能夠改變的部分，例如好好整理工作或讀書環境。

我們可以先為自己的讀書環境畫一張平面圖，看看書桌是否有太多雜物干擾學習？床是否離書桌太近讓人容易想偷懶？光線是否太暗讓人覺得想睡覺且影響閱讀？這些因素都會影響學習的意願。所以，書桌上不要擺放太多與學習無關的物品，讀書時把手機放在自己看不見的地方，劃分清楚學習與休息的環境等等，創造一個可以專心而不被打擾的環境，讓我們能保持專注，進而提高讀書的效率。

33
● 懂得尋求幫助，解決困難 ●

　　暑假即將到來，爸媽計畫要帶我去度假遊玩。媽媽要我在出發前先把暑假作業寫完，她給了我半個月的時間，覺得時間應該是足夠的。但是到了出發前一天，媽媽問我暑假作業的進度，我支支吾吾了半天，最後只好向媽媽坦承：「我還沒寫完。」媽媽覺得很奇怪，在她不斷的追問下，我才吐露實情：「我遇到不會寫的題目，不知道該怎麼辦，所以只好一直放著了。」媽媽對我說：「你可以問問看別人啊，或是來問爸媽也可以，一直放在那邊無法解決問題的。」

可能會產生的心理阻力

遇到困難時，我常常覺得很無助而不知所措，也不想努力去解決。

一遇到困難就想要求助於他人，感覺很丟臉啊！

自己的問題就得要自己去解決，解決不了也只能放棄！

我把困難告訴別人，他們可能會取笑我，而且也不見得會幫我。

如果爸媽知道我連簡單的題目都不會做，一定會對我很失望。

心理分析和暗示

① 難免會遇到自己無法解決的困難，是很正常的事。

② 有困難時不處理或不去求助，可能就會變成大問題！

③ 向他人詢問自己不懂的地方，這就是一種學習，需要協助時應該表明出來，別人才能伸出援手。

④ 對我來說很困難的事，對別人來說可能並不難。

技巧練習及總結

1.不要讓困難阻礙自己太久

我也想盡快把事情做好，但困難就像一道牆擋在面前，讓我只想逃避。

小結

困難常常會阻礙我們的行動，如果長時間無法解決，更容易讓人產生悲觀而想逃避的想法。首先可以先試著自己解決看看，無法解決時就要向他人求助了。

2.了解有些問題是需要他人協助的

這個問題我沒辦法解決，當然需要請別人幫忙！

小結

雖然我們需要培養自己去解決問題的能力，但也有些問題並不是現在的我們能夠自己解決的，必須尋求他人的協助。

3.多問、多尋求協助，也是一種具有行動力的表現

不懂就請教他人，否則拖到最後，問題還是無法解決。

小結

發問和請求幫助，也是行動力的表現。只靠自己摸索前進，往往難以克服困難。不要覺得尷尬，勇於提出問題，別人才能幫助我們。

4. 爸媽是我們最好的幫手

如果不知道可以問誰，就先問問看爸媽吧！

小結

遇到無法解決的困難，可以先向爸媽尋求協助。不要因為擔心爸媽會對我們失望，而不敢向他們溝通與請教，爸媽往往是我們最好的幫手。

和心理博士聊聊天

曾有一項訪問北京大學學生的問卷調查，研究人員根據調查結果歸納出以下人生的準則，提供給大家參考：

首先要有明確目標。許多北京大學的學生在小學或國中時就設立明確的人生目標，包括清楚詳盡的學習計畫。

其次是提高學習效率。約有半數北京大學的學生認為，自己的智力和同年齡的人並無明顯差異。而幾乎所有學生都認為，努力念書與學習，比先天智力高更為重要。所以我們應該努力提高學習效率，而不只是仰賴智力的優勢。

最後是借助外力。可以遵循「二八原則」，就是80%的時間靠自己努力，而剩下的20%則可借鑑別人成功的經驗或向他人請益。

34
● 興趣有助於提升行動力 ●

　　媽媽趁著假期幫我報名了一些才藝班，有程式設計、口才訓練⋯⋯我上了幾堂體驗課後就不想繼續上了。媽媽卻生氣了，指責我缺乏學習的行動力。爸爸見狀後問我：「那你對什麼有興趣呢？」我回答：「街舞。」爸爸接著嚇唬我說：「跳街舞看起來很酷，但光靠興趣很難堅持下去喔！」我馬上向爸爸保證，自己絕對不會怕苦又怕累。所以媽媽又幫我報名了街舞課程，但她也擔心我會半途而廢。結果，這次我特別認真學習，爸爸欣慰的向媽媽說：「我們家孩子這次是真的有認真學了。」

可 能 會 產 生 的 心 理 阻 力

不知道為什麼，媽媽希望我去學的東西，我都沒興趣。

有時興趣來得快，去得也快，我對很多事情都只有三分鐘熱度！

我有興趣的事情還不少，不知道該選擇哪件事比較好，真煩！

就算有興趣，但遇到困難時就很容易會感到挫敗，該怎麼辦呢？

心 理 分 析 和 暗 示

1 做有興趣的事也會遇到困難，學著克服不放棄。

2 興趣是我不斷前進的動力，我想要趕快開始行動了。

3 有些事我天生就有興趣，有些事則是需要透過了解和嘗試才會產生興趣。

4 做自己有興趣的事，爸媽就不用擔心我會拖延了！

技巧練習及總結

1.錯誤觀念：不敢向爸媽表明自己的興趣

爸媽總是希望我學這個學那個，但是我都沒有興趣，又不敢向他們說清楚。

小結

興趣能激發我們主動探索未知的事物，但如果沒有興趣，想學好就很困難。爸媽要我們多學點東西，是希望我們能拓展興趣。如果嘗試後還是沒有興趣，就應該告訴他們，並表明自己的興趣。

2.找出真正的興趣並專心投入

我對很多事情都有興趣，但是興趣來得快，去得也快。

小結

興趣廣泛是正常的，代表對很多事物充滿好奇心。而真正的興趣是會讓我們主動認真投入、真心熱愛，它能激勵我們不斷向前，帶給我們源源不絕的動力。

3.持續保有興趣

原本對某件事很有興趣，但是很擔心會失去熱情，該怎麼辦呢？

小結

興趣能夠一直維持下去嗎？如果我們能在某項興趣上不斷獲得成就感和滿足感，興趣就會持續存在，這是非常重要的。

以下向大家介紹一下應該如何找出自己的興趣。

首先，培養對這個世界的好奇心。我們可以有意識的轉變自己的思維，從「喔，反正就這樣子」逐漸轉為「咦？為什麼會這樣？」有些興趣是天生的，但也有靠後天培養出來的。如果對某件事情投入了較多時間和精力，我們就會對這件事情產生較多感情，自然也就產生了興趣。

接下來，也可以請教比較了解自己的人，例如爸媽、老師、同學或朋友，他們會幫助你察覺自己的興趣所在。然後，再嘗試一下這些人推薦的興趣，例如繪畫、音樂和讀書等等，看看自己最有興趣的是哪一個。

第三，觀察自己在哪方面表現得比較好。例如，計算能力愈強的人對數字的感覺愈敏銳。在這種情況下，與數字相關的領域，可能就是他的興趣所在。

最後，再介紹一個特別的方法給大家：壓力測試法。有時我們在面臨極大壓力的情況下，很容易會想去做某些事情，因為這樣可以紓緩壓力，感到心情放鬆，而這件能讓自己放鬆的事情，也可能是我們的興趣。

35
● 學會調整情緒，提升熱情 ●

　　我代表全班參加桌球比賽，原本大家都不看好，但沒想到我這次竟然一路過關斬將，順利晉級到八強賽。八強賽遇到的第一個對手，是這次比賽大家爭相看好的選手，所以比賽開始前我很擔心，總覺得自己會輸掉這場比賽。朋友看出了我的憂慮，安慰我說：「別擔心，他是大家都看好的選手，壓力一定比你大。你就算輸了比賽也不會丟臉，如果贏了更是了不起的事！」聽完朋友的安慰，我也覺得很有道理。後來我調整好自己的心情，對即將到來的比賽充滿期待，也充滿了熱情與動力。

可能會產生的心理阻力

對手的實力很強，我一定會輸得很慘的，很擔心比賽時一直出糗。

對手實力太強了，我再怎麼努力也沒用，比賽結果早就註定好了。

唉，這次輸定了啦！我應該怎麼辦？要不要棄權退出比賽呢？

一想到比賽結果應該會很慘，就沒什麼熱情了！

心理分析和暗示

① 晉級八強賽超越了以往表現，試著繼續超越吧！

② 我就是不想認輸，挑戰愈大，我愈想努力！

③ 如果打敗這個超強對手，就代表有機會可以奪冠吧？

④ 頂多是挑戰失敗而已，但不論如何，我一定會有很多收穫，加油就對了！

技巧練習及總結

1. 不要先做消極的假設

感覺贏不了，我應該是輸定了，而且還會輸得很慘！

小結

我們可以預測事情的結果，但最後結果還沒出來前，不要讓自己有太多消極的假設與想法。如果總是用消極的心情面對，很容易會影響自己的信心和行動的表現。

2. 找出成就感，做為自己的動力

如果能夠打敗這次的超強對手，我一定會變成班上熱門的話題。

小結

適時激發自己的熱情，試著用內心想要獲得的成就感，來支持自己繼續努力。所以，這時候我們更應該想著自己能戰勝對手，而不是被打敗。

3. 學會換個角度看問題

以前想跟超強對手對打比賽幾乎是不可能的事，但現在機會終於來了，耶！

小結

看待問題時，可以用許多不同的角度，能跟超強選手比賽是個千載難逢的好機會，這麼一想，是不是更讓人充滿熱情了呢？

跟超強對手比賽輸了是很正常的事，並不丟臉；但如果贏了，那就是非常了不起的事了耶！哈哈哈！

小結
樂觀看待事情，就是懂得多往好的方面去思考，讓自己有更多的信心和動力。

和心理博士聊聊天

　　電影《鐵達尼號》中有一個經典的場景：男女主角站在船頭，女主角展開雙臂，迎著風，表情非常開心幸福。這種舒展動作，是身心放鬆的狀態。我們平時可以做適度的運動，或是瑜珈的伸展動作，讓身體肌肉拉伸放鬆，進而也能讓內心放鬆，降低壓力。

　　身心是一體的，一個人情緒不好時，也會影響身體的反應。生活中決定成敗的關鍵，不一定是技術水準的高低，而是心態的好壞。如果陷入患得患失的情緒中，無論有多高超的技巧，都難以發揮最佳的表現。

36
● 爲自己尋找一個學習對象 ●

　　雖然我希望成績可以進步，可是心裡沒有把握，想歸想，但缺乏動力。有一天，我向爸爸傾訴了我的煩惱，爸爸問我：「那你有設定什麼目標嗎？」我沒有，只能搖搖頭。「不然你在班上找個學習對象，向他看齊，這樣你就有動力了。」我聽了爸爸的建議，在班上四處尋找，腦海裡突然想起小Q：「可是小Q非常用功讀書，我怕追不上他。」我有點猶豫的回答著，爸爸卻說：「沒關係，他努力讀書，你就比他更努力試試看！」

可能會產生的心理阻力

這是我自己的事情，不喜歡拿來和別人比較。

我和小Ｑ的差距太大了，完全沒辦法比較啦！

他很努力用功讀書，我再怎麼努力，恐怕也追不上。

心理分析和暗示

1　這樣也很好，有了學習對象，也會有行動的方向。

2　追不上也沒關係，至少自己會因為努力讀書而進步。

3　知道別人很努力，那自己就應該趕快行動起來。

4　說不定我也能和小Ｑ一樣成績優秀，得到老師的表揚呢！反正努力就對了！

技巧練習及總結

1.找到一個學習對象，讓自己有動力向他看齊

我要像他一樣
優秀，學習他
並超越他！

小結

我們總是設立遠大的目標，卻忘記可以
尋找一個學習的對象，所以缺乏努力前
進的動力。試著在身邊找到一個適合的
學習對象：「我要向他學習」、「我要超
過他」，像這樣的想法都能為我們帶來
動力。

2.就算無法追上學習的對象，付諸行動也會有所進步

雖然追不上別人，
但努力奮鬥之後，
自己也會進步！

小結

有些人找到學習對象後，會擔心自己追
不上別人。其實能不能追趕上其他人並
不是最重要的，更重要的是能夠展開行
動，讓自己有所進步。

3.參考學習對象的經驗和方法

他除了比別人努
力之外，學習的
方法也值得我們
參考。

小結

有了學習對象，就可以參考學習他的經
驗及方法了。想想看，他的成績為什麼
這麼好？他的學習方法有什麼優點或
訣竅嗎？

4 加強自己勝過對方的意志：我要比他更努力

想勝過對方，唯一的辦法就是比他付出更多努力！

小結

不要害怕和他人比較，適時加強自己勝過對方的意志是必要的。有了想要獲勝的想法，也會有學習的意願，所以能更積極的行動。

和心理博士聊聊天

1973年，美國著名心理學家大衛·麥克利蘭提出了著名的「冰山模型」，將一個人分為容易觀察到的「冰山以上部分」，包括個人基本知識和技能，屬於外在的表現；及隱藏的「冰山以下部分」，包括社會角色、自我形象、特質和動機等，屬於內在的部分，而這部分對我們的行動力有著重要的作用。

有些同學不是不夠聰明，而是學習的動力不足，這是屬於「冰山」以下的部分。而學習的內在動力，主要來自於：

第一，理解學習的意義後，我們的想法就會從被動變為主動，從「要我學」轉變為「我要學」。

其次，要對自己有自信心，能夠樂觀、積極的面對各種事物。

　　第三，適度獎勵自己。例如每次在得到一點進步時，稍微犒賞自己，無論是看場電影，還是吃喜歡的食物，都能鼓勵自己繼續努力。

37
● 怎麼讓事情變更好 ●

　　我的英語比較弱，所以很羨慕小美有一位當英語老師的媽媽。小美在媽媽的指導下，英語成績非常好；而我只能透過補習英語來提升成績，但感覺幫助並不大。有一次，媽媽提醒我要多花點時間學習英語，我就以小美的例子來反駁媽媽。結果媽媽告訴我：「要自己想想看怎麼做才能讓成績變好，不要只會羨慕別人，又不是每個同學的媽媽都是英語老師，難道其他人都沒有學好嗎？」

可能會產生的心理阻力

順其自然吧！目前這種情況我好像也沒辦法改善。

想要讓情況變好，需要做的事情太多了，覺得很茫然。

別人能成功是因為他們條件好，如果我有一樣好的條件也能成功！

即使行動起來，距離目標還是很遠。既然這樣，我還要努力嗎？

心理分析和暗示

1 我們還是可以做一些能力所及的事情，讓情況變好。

2 開始行動讓情況逐步好轉，距離目標就愈來愈近了。

3 我們的行動及做法，會對事情結果產生關鍵的作用。

4 暫時無法達成目標，也不代表現在不需要努力啊！

技巧練習及總結

1.錯誤觀念：羨慕別人，認為自己沒有像別人一樣好的條件

小美的媽媽是英語老師，所以她的英語成績當然很好啊！

小結

羨慕別人，抱怨自己缺乏優勢，只會為自己帶來更多阻礙。媽媽的話很有道理，並不是每個同學的媽媽都是英語老師，但他們還是可以把英語學好。

2.思考分析一下，要讓事情變好需要哪些條件

提升英語成績的關鍵在於多讀與多聽，所以之後我要在這些方面加強練習！

小結

透過思考與分析，了解想讓情況變好需要哪些條件，以及自己需要做什麼，然後讓自己的行動能朝著目標前進。

3.把焦點放在「該怎麼做」這個問題上

我不該把心思放在會帶來負面情緒的事情上，而是應該專注於該怎麼做才能把事情做好！

小結

我們要減少消極的想法，例如經常擔心結果不好、別人的條件比較好等等，以免失去行動力，並把焦點放在如何把事情做好這方面，然後透過行動來應對及解決問題。

想改善現況，
我想最終還是
取決於自己，
所以我要更努
力才行！

小結
雖然每個人情況不同，但都能依據自己
的實際情況去努力改變現況。例如能否
投入足夠時間學習英語、能否運用有效
的學習方法等等。

和心理博士
聊聊天

學英語和玩遊戲相比，玩遊戲需要做的準備比較少，能
快速獲得成就感，所以許多人都喜歡玩遊戲；而學英語需
要投入更多時間和精力，而且往往需要一段時間才能看見
成效。但大部分的人在學英語上能得到較高的滿足感，因
為他們認為學英語的意義和價值遠大於玩遊戲。

我們可以為自己找到學習的意義和價值。例如將英語想
成一種「古老的魔法」，可以用來與地球上其他國家的人
進行溝通；或者把自然科學想成一門超酷的學問，學習後
能讓自己成為看透自然界的大師。透過趣味的、令人興奮
的聯想，也能提升學習的興趣。

38
● 在固定的時間和地點做事 ●

　　我報名了鋼琴課，每週上一堂，老師提醒我平常有空就要多練習，這樣才會進步。我回到家後才剛開始練習，就快被指法練習難倒了，變得快要失去學習的熱情，後來我開始逃避練習。媽媽看出我的問題，所以建議我每天吃完晚餐，就去練習半小時的指法。一開始我很不情願，但後來在媽媽不斷的鼓勵下，晚餐後的指法練習成為我的日常習慣，當然指法也有很大的進步。

可能會產生的心理阻力

每天吃完晚餐都要練習，很沒有變化。

我不想被限制時間和地點練習，這樣感覺很壓迫。

等有空再練習就好，不需要固定時間練習吧！

晚餐後把自己關在房間裡練習，好像太強迫自己了吧！

心理分析和暗示

1 「等有空再練習」，往往就是「沒有空」對吧？

2 固定時間就做固定的事，自然而然就會養成習慣了。

3 透過規範時間和地點來安排自己的行動，其實能讓我們的行動變得更有規律。

4 有時需要適度的強迫自己，才能有所進步。

技巧練習及總結

1.錯誤觀念：不想被規律的行動限制

時間一到就要練琴，規定太多了吧？

小結

我們這個年紀的小朋友自制能力還不夠強，可以透過規範時間和地點來約束自己，讓行動變得更固定、更有規律，有助於我們養成習慣並自發性的去行動。

2.透過固定時間來培養習慣

在固定的時間做固定的事，可以避免產生「有空再做」的想法。

小結

時間一到就知道要開始練琴，慢慢的就會養成習慣。一旦習慣養成後，到了特定的時間，就會自然的想要去練琴。

3.在固定的地點做事，養成自動自發的習慣

不需要媽媽一直催促，一坐在書桌前就會主動開始念書了。

小結

在固定地點做固定的事情，可以培養自動自發的習慣；習慣養成後，拘束受限的感覺也會減少。在家念書時，能固定地點效果會更好。如果一下在客廳念書，一下在房間念書，不易養成習慣。

要選擇什麼時間和地點來做事呢？當然是做事效率較高的囉！

小結
選擇能提高效率的時間和地點很重要。例如選擇記憶力較好的早上背英語單字或詩詞；覺得在客廳練琴更有效率，也可以和家人討論，將琴搬到客廳練習。

和心理博士聊聊天

　　養成好習慣，感覺有難度，就好像要登上一座高山；但只要我們盯著眼前的臺階，一階一階的堅持往上爬，漸漸的就能登到頂端了。堅持爬上臺階就等於是養成習慣。

　　培養自主行動的習慣，大致可以分為以下三個階段：

　　第一階段：1～7天。這個階段要不斷要求自己去行動。雖然會覺得不自然，但這是正常的。

　　第二階段：7～21天。經過一週刻意要求後，會開始覺得比較自然了，但此時拖延的習慣還沒完全消失，所以還是要時時刻刻提醒自己、要求自己。

第三階段：21〜90天。這個階段是習慣的穩定期，新養成的習慣會成為生活的一部分，此時我們已經不需要刻意要求自己了，因為行動已經變得很自然。

　　正如美國心理學家之父威廉·詹姆斯所說：「播下一個行動，你將收穫一種習慣；播下一個習慣，你將收穫一種性格；播下一種性格，你將收穫一種命運。」

BOOK REPUBLIC　讀書共和國　字畝　Learning 028

我能完成目標：小學生心理學漫畫 系列二 1 培養行動力！

作　　者：讀客小學生閱讀研究社‧心理組

責任編輯：姚懿芯
封面設計：丸同連合
內頁排版：喬拉拉

字畝文化
社長兼總編輯：馮季眉
主　　編：許雅筑、鄭倖仔｜編　　輯：戴鈺娟、李培如

出　　版：字畝文化創意有限公司
發　　行：遠足文化事業股份有限公司（讀書共和國出版集團）
地　　址：231 新北市新店區民權路108-2號9樓
電　　話：（02）2218-1417
客服信箱：service@bookrep.com.tw｜客服專線：0800-221-029
網　　址：www.bookrep.com.tw｜郵撥帳號：19504465
法律顧問：華洋法律事務所蘇文生律師

印　　刷：中原造像股份有限公司

初版一刷：西元 2024年7月
定　　價：380元
ISBN：978-626-7365-91-5（平裝）
Printed in Taiwan 版權所有‧翻印必究

國家圖書館出版品預行編目 (CIP) 資料

我能完成目標：小學生心理學漫畫. 系
列二 2. 1, 培養行動力！/ 讀客小學生閱讀
研究社. 心理組著. -- 初版. -- 新北市：
字畝文化創意有限公司出版：遠足文化
事業股份有限公司發行, 2024.07　面；
公分
ISBN 978-626-7365-91-5(平裝)
1.CST: 生活指導 2.CST: 兒童心理學
3.CST: 小學生 4.CST: 漫畫
177.2　　　　　　　　　　113007660

特別聲明｜有關本書中的言論內容，不代表本公司／出版集團之立場與意見，文責由作者自行承擔。